Elefanterna i rummet

och att vara barn i deras skugga

en bok av Andreas Forsman

Förlag: Books on Demand GmbH, Stockholm, Sverige

Tryck: Books on Demand GmbH, Norderstedt,Tyskland

ISBN: 978-91-7463-312-2

Förord

Boken som du nu håller i din hand är min skildring av hur jag upplevde min uppväxt tillsammans med en mamma som lider av psykisk sjukdom. Men också hur en familj kan påverkas av att någon hastigt går bort. "Elefanten i rummet" är ett begrepp som jag har lånat från engelskan. Begreppet används för att beskriva något som påverkar en grupp människor mycket, men som ingen i gruppen talar speciellt högt om. I Sverige är det annars vanligare att man säger "flodhästen i rummet". På mammas sida släkten har "elefanten" utgjorts av hennes psykiska sjukdom och på pappas sida släkten har det varit pappas allt för tidiga bortgång. Jag har hela mitt liv levt med att dessa "elefanter" är något som man inte talar om, varken inom eller utanför familjen. Jag vill tro att en bok av det här slaget hade varit värdefull för mig att läsa då jag var yngre. Genom att skriva denna bok gör jag det förbjudna och talar om "elefanterna i rummet" och på så vis hoppas jag att andra kan känna igen sig och i och med det känna sig mindre ensamma i sin situation.

På ytan kan det här tyckas vara en sorglig historia om hur barn far illa då vuxna inte mäktar med uppgiften att ta hand om dem. Fullt så illa är det tack och lov inte. Jag växte upp med en mamma som har psykiska problem och min pappa dog när jag var fyra år gammal. Detta är dock inte de enda faktorer som inverkat på mitt liv. Därför blir bokens innehåll ljusare och ljusare ju närmare slutet läsaren kommer.

Jag vill noga understryka att det här är min subjektiva skildring av delar av min uppväxt. Det finns mycket som jag inte tagit med i boken, både händelser och personer. Det finns också händelser beskrivna i boken som andra har en annan minnesbild av. Det här är inte en neutral och objektiv skildring, som har ett allvetande och helt rättvist perspektiv. Boken innehåller mina subjektiva minnen av händelser och förlopp. Syftet är inte att utmåla någon som elak, speciellt inte min mamma. Därför är större delen av namnen på personer och platser fingerade (alltså påhittade namn för att ingen ska bli onödigt uthängd). Emma, Britta och Olov heter egentligen något annat. Orterna Glimtnäs, Skråbyn och Spannliden har också andra namn i verkligheten. Syftet är inte heller att folk ska tycka synd om den stackars pojken som varit med om allt detta. Den här boken innehåller en hel del mörka episoder från min uppväxt men utgör på inget sätt hela bilden. Innehållet i boken är helt enkelt de delar av uppväxten som jag känt behov av att bearbeta, samt en del ljusare minnen för att bredda bokens innehåll. Min mammas psykiska hälsa och min pappas tidiga bortgång är två faktorer som påverkat mig starkt genom uppväxten. Detta har också lämnat mig med en hel del upplevelser att sortera igenom. Den här boken är mitt försök att i vuxen ålder gå igenom mina upplevelser för att sedan kunna stänga de tunga kapitlen från tidigare i livet, till förmån för vad framtiden har att erbjuda.

Att jag valt att skriva boken nu har främst att göra med att jag ska bli pappa för första gången. Något oerhört positivt händer alltså i mitt och min frus liv och jag tyckte att det här var ett bra tillfälle att gå igenom och lägga ifrån sig de tyngre delarna av min egen barndom. Lite som en känslomässig vårstädning innan jag själv ska bli förälder. Jag vill understryka att det inte alltid var bedrövligt hos oss eller jämt var gråt och tandagnisslan. Jag vill dock med den här boken dels bearbeta mina egna upplevelser av det som inte var bra och genom de här raderna lyfta fram de barn som lever under liknande omständigheter. Genom att jag berättar om hur jag upplevde baksidorna av att leva med en mamma som mår dåligt psykiskt kan jag belysa en situation som det fortfarande är svårt för många att tala om. Syftet med att jag skriver om detta är inte att klämma dit någon. Syftet är bara att skildra tiden som jag mins den. Psykisk ohälsa är givetvis brett och tar sig olika uttryck. Det här är min skildring av hur det var att bo med min mamma och vilka bekymmer den psykiska sjukdomen orsakade för oss som familj. Barn blir lätt osynliga offer i familjer där en eller båda föräldrarna inte är på banan psykiskt. En del av problemet är att allt negativt som händer hemma ska vara hemligt. Barn lär sig fort att göra vad de kan för att hålla familjens fasad uppe. Då något väl kommer upp så går folk på sina tidigare intryck och då blir inte barnen trodda.

Jag skriver inte bara för min egen skull. Genom att ge ut den här boken hoppas jag att barn som lever i liknande omständigheter ska bli belysta. Många barn lever under liknande omständigheter och är mer eller mindre osynliga för övriga samhället. Jag tänker mig också att läsare med erfarenheter som liknar mina kan finna tröst i att känna igen sig i de följande raderna. Det jag minns som det svåraste med att leva med psykisk sjukdom i familjen var känslan av isolering. Jag har alltid upplevt det som positivt då andra vågat prata om likartade saker. Jag vill alltså med den här boken gå igenom mina egna upplevelser och på samma gång vara till hjälp för någon som har levt eller lever med liknande erfarenheter eller som finns i närheten av familjer med liknande problem. Jag tror också att boken kan vara upplysande för människor som i sina yrkesroller möter familjer i liknande omständigheter.

Stort tack till dig som tar dig tid att läsa denna lilla bok. Jag vill också tacka alla som har peppat mig att skriva boken och som praktiskt har hjälpt mig med bearbetning av texten.

/Andreas Forsman hösten 2011

En unge kommer till världen

Den 6:e september 1984 föddes en liten pojke på BB-avdelningen i Umeå. Mamman hade högt blodtryck så hon hade blivit igångsatt tidigare än beräknat. Processen hade startat tolv timmar tidigare. Först på kvällen efter en hel dags vandrande i korridoren på BB anlände en son. Knodden vägde 3 600 gram och var frisk. Pojken var dock en aning gul till färgen och fick därför ligga i solarium ett tag. Mamma var då nyss fyllda sjutton år och pappa var tjugo. Pojken fick heta Simon Andreas Forsman och den pojken är alltså jag.

Pappa kom inte att vara speciellt närvarande i min uppväxt. Han kom dock att inverka starkt på mig genom sin tragiska frånvaro. Förhållandet mellan pappa och mamma var slut redan innan jag föddes. Pappa var med vid förlossningen på egen begäran, men han kom därefter att vara allt annat än närvarande. Pappa gifte sig snart med en ny kvinna, men det höll inte så länge. Därefter hamnade han i Stockholm, där han hittat ytterligare en ny kärlek. Från det att jag var två till fyra år besökte han mig lite mer regelbundet. Dessa besök blev i samband med att han var uppe i Västerbotten för att besöka släkt och vänner.

Mamma blev då ensam närvarande förälder till en början. Första året bodde hon hemma hos sina föräldrar, alltså mina morföräldrar. Familjen bodde i en villa i "Glimtnäs", som är en medelstor kommun i Västerbottens inland. Det hade varit slitigt mellan mamma och min mormor ända sedan jag gett mig till känna på ett graviditetstest. Då mamma kom hem till sitt flickrum med mig visade det sig att jag hade kolik och grät mest hela tiden. Mormors plan var till en början att lägga sig i så lite som möjligt i hur mamma skötte mig. Ett barn med kolik visade sig dock snart vara mer än vad mamma klarade av. Till slut reagerade mamma på mitt gråtande med att skrika och slå i väggarna. Då gick det upp för mormor att mamma skulle behöva mycket hjälp om hon skulle klara av mig. I samband med att mamma fick mig så tog hon ett sabbatsår för att sedan ta itu med skolan igen. Mormor hade gärna sett att mamma gått tillbaka till skolan på en gång, men morfar bidrog till att hon fick ta ledigt ett år. Då mamma blev arton år flyttade hon raskt ut från morfar och mormors hus för att bo i en lägenhet. Mormor och morfar hade nog velat att mamma stannat hemma tills hon fått ordning på tillvaron. För att mamma skulle kunna göra färdigt sina gymnasiestudier blev jag kvar hos morfar och mormor. När mamma begärde att få en stödfamilj insisterade mormor på att de skulle hjälpa till med mig. På så vis skulle jag inte behöva bo hos folk utanför familjen. Mamma hade nog föredragit att någon utomstående skulle ha hjälpt till med mig, men det blev ändå så att jag blev kvar hos mormor och morfar. Mamma började med studierna igen efter sabbatsåret men studierna blev aldrig klara.

Hos morfars blev jag behandlad och bemött som ett av deras egna barn. Mina två morbröder och min moster blev mer som syskon än något annat. Emma som min moster heter var bara fem år äldre än mig och jag fick ofta vara med och leka då hon hade kompisar på besök. Mina morbröder var de stora grabbarna som jag storögt såg upp till när jag var liten och fortfarande hoppas att kunna bli som en vacker dag. Den äldre av dem gifte sig och flyttade ut då jag var i den tidiga skolåldern, den yngre som var 10 år äldre än mig bodde hemma under hela min uppväxt och blev lite av en personlig hjälte. Han var som en storebror med stort "S". Han jagade, fiskade, ordnade med hyrfilmer och biobesök. Förutom det var han riktigt duktig på att ta med mig på olika aktiviteter, och han och morfar visade stort intresse för mina många byggprojekt i lego.

Mamma har jag inte så där jättemånga minnen av från den tidiga barndomen. Hon var på många sätt en främling de första åren. Om jag skulle vara hos henne och sova över någon gång så insisterade mormor på att Emma skulle vara med, eftersom hon var lite äldre och bättre kunde läsa av läget.

Mamma ville i omgångar att jag skulle bo hos henne. Mormor motverkade detta dels för att hon inte var säker på att mamma skulle klara av uppgiften då hon var en impulsiv och lite omogen tonåring, dels för att hon trodde att jag hade det tryggare hos dem. Som vuxen tycker jag att den analysen var korrekt. Det måste ha varit känslomässigt svårt för mormor att ställa sig i vägen för att jag skulle bo hos mamma. Mormor har alltid gjort vad hon kunnat för att tillmötesgå mammas önskemål, förutom då det gällde mig. Mormor tvingades

4

i det fallet välja mellan att göra vad hon trodde var bäst för mig eller att gå sin dotter till mötes. Då jag frågat om varför hon så ofta tagit strid för mig genom åren gentemot min mamma och hennes olika socialsekreterare, så har svaret blivit att jag var ett barn och var den vars behov behövde få gå först.

Ända tills jag fyllde arton år var det nämligen ett återkommande tema att de sociala myndigheterna med flera lät den biologiska mammans rättigheter väga långt tyngre än barnets välfärd. Från det hållet har jag aldrig hört att några av mammas mindre genomtänkta tilltag ifrågasatts. Ingen socialsekreterare, läkare eller kurator som haft med mamma att göra har någonsin erbjudit mig någon hjälp, information eller stödgrupp. Jag säger inte att alla individer i alla dessa yrkesgrupper inte hjälper barn i min situation. Det jag säger är bara att samhällets skyddsnät i mitt fall inte fångade upp mig eller vägde in mitt bästa i sina beslut.

Ibland hände det att mamma bara hämtade mig utan att tala om vart hon skulle åka med mig eller hur länge hon skulle bli borta. Jag blev liksom en ägodel som mamma tyckte sig ha rätt till, något som hon skulle ha, men jag tvivlar på att hon hade klarat sköta om mig i längden. De gånger som mamma tog mig lämnade hon ofta igen mig relativt fort då hon inte orkade med ett litet barn några längre stunder.

När jag närmade mig fyraårsåldern hade pappa börjat odla tankar på att flytta upp från Stockholm och börja studera i Umeå. På så sätt skulle han komma närmare mig.

En familj så god som någon

En höstdag 1988 ringde telefonen hemma hon morfars. Mormor svarade och rösten i andra änden luren tillhörde min farmor. Farmor hade förkrossande nyheter: papps liv hade tragiskt slutat i en bilolycka, han var då knappa 25 år gammal. Pappa kom då alltså aldrig att flytta till Umeå. Morfar och mormor satt nu med en fruktansvärd uppgift. Hur skulle de kunna berätta något sådant för en fyraåring? De väntade tills ett lugnt tillfälle och tog mig åt sidan. Morfar tog till orda och sa att han hade något väldigt, väldigt ledsamt att berätta. Jag bröt inte ihop eller började stortjuta. Jag kände inte min pappa speciellt väl. Han bodde långt borta och hälsade bara på någon gång ibland. Först när jag blev lite äldre började det gå upp för mig att pappa aldrig någonsin skulle hälsa på mig mer. Ju äldre jag blev ju mer började jag fråga om min pappa och ju mer kunde jag känna att det saknades någon i mitt liv. Mina morföräldrar kände inte min pappa så väl så de kunde inte svara på så många av mina frågor. Då släkten på pappas sida var mycket frånvarande var det inte heller så lätt att få veta så mycket om min pappa från dem.

Där satt jag utan en fungerande mamma och en pappa som gått bort fruktansvärt tidigt. Morfar kom att helhjärtat ta på sig pappa-uppdraget. Alla bra bilder jag har av hur en far bör vara har jag alltså inte fått från min biologiska pappa utan från min morfar. Han tog på sig ansvaret att vara en fadersfigur i mitt liv då inte någon annan fanns att tillgå. Jag har givetvis saknat att inte ha en biologisk pappa men jag har på något vis inte blivit utan den trygghet som en trygg fadersgestalt förmedlar.

På samma vis axlade min mormor modersuppdraget då min mamma inte klarade av det. Morfar och mormor har helt klart varit viktiga förebilder och ett stort stöd. Det har ibland uppstått situationer då morfar mycket konkret klivit in i pappahålet i min tillvaro. Ett bra exempel är när jag och min fru Elin gifte oss. Då jag inte hade en pappa som var i livet kan ju denne inte hålla tal. När släktingar av alla de slag brukar hålla tal på tillställningar av det här slaget kunde det ha blivit smärtsamt tydligt att min pappa saknades. Så blev dock inte fallet då morfar reste sig upp och höll ett otroligt rörande och ödmjukt tal i pappas ställe. Inte ett öga var torrt. Morfar var den som lärde ut fiske, berättade sagor och förklarade världen för ett barn som inte hade en pappa som kunde göra det. Morfar och mormor har alltid behandlat mig som ett av sina egna barn och det har genom åren varit ovärderligt. Då jag har funderingar om allt från bilköp till hur jag ska lägga upp en predikan är det fortfarande dit jag vänder mig. Med andra ord har jag fortfarande samma förtroende för mina morföräldrar som jag hade som liten. Då jag funderar på hur jag själv kommer att bli som pappa så hoppas jag att jag kan axla rollen hälften så bra som morfar gjort.

Då det gäller mammarollen så har min mormor alltid varit den som agerat som mamma. Min mamma har jag exempelvis aldrig kallat för mamma utan alltid tilltalat med förnamn. Jag tror att det har att göra med att hon aldrig känts som en mamma i praktiken. Mormor däremot var själva sinnebilden av moderlighet. Hon var alltid tillgänglig för att trösta eller dela ut några förmanande ord. Hon var alltid mån om att se till att vi barn mådde bra. Det var också hon som tragglade glosor

9

med oss och ingjöt i oss att skolan var något mycket viktigt. Hon var alltid intresserad av hur dagen på skolan varit och av vad vi i övrigt hade i tankarna. Mormor är fortfarande bra på att regelbundet ringa och höra hur det är med oss. Jag började som liten att kalla morfar och mormor för pappa och mamma. Jag gjorde det för att det var helt naturligt. De var de enda föräldrar som jag haft i praktiken. Då mamma fick reda på detta blev hon riktigt arg och efter det insisterade morfar och mormor att jag skulle kalla dem för morfar och mormor eller tilltala dem med förnamn. I och med skolstarten minns jag hur besvärligt jag fann det att inte ha någon att säga mamma eller pappa till. Ännu mer besvärligt blev det när jag skulle förklara för skolkamrater att mina föräldrar var min morföräldrar och att min två storebröder och min storasyster var mina morbröder och min moster. En och annan lekkamrat kliade sig i början lite i huvudet över detta. I samband med det här blev det också tydligt för mig att min familjesituation var annorlunda.

Morfar och mormor gjorde ett bra jobb som ställföreträdande föräldrar, men jag kom ändå att känna

10

stor sorg och smärta i perioder av min uppväxt kring att jag inte fick behålla pappa i mitt liv längre och att min mamma inte fullt ut mäktade med att vara just en mamma. Mamma tog nog också pappas död rätt hårt då hon hela tiden hoppats på att han skulle ta tillbaka henne. Planer av det slaget hade han nog aldrig, i och med hans död var det också en omöjlighet.

Ågren på besök

Mamma hade haft besvär med ångest, eller "Ågren" som hon ibland kallade det, redan som trettonåring, men besvären hade tilltagit med åren. Ibland kunde hon få dödsångest och vara övertygad om att hon skulle dö. Första gången som hon själv minns att hon kände ångest av det slaget var i samband med att hon skulle sova över hos sin mormor. Det förekom även föreställningar så som att Jesus återvänt och tagit med sig alla till himlen men lämnat henne kvar. Mamma hade upptäckt att hon blev lugnare av att äta och kom i samband med graviditeten att börja tröstäta allt mer.

Tröstätandet ledde till en snabb och rejäl viktökning. Den ökade vikten gjorde att hon mådde ännu sämre och det i sin tur gjorde att tröstätandet fortsatte. 1989 tröstade hon sig vid ett tillfälle med en förpackning jordnötssmör och detta ledde till en allvarlig allergisk reaktion som kunde ha slutat mycket illa. Hon klarade sig dock, men ångesten blev efter det allt värre och hon blev inlagd på psyket för första gången 1989. Där kände hon sig tryggare och fick den ångestdämpande medicinen *Klomipramin*. Medicinen visade sig dämpa den svåraste ångesten. Jag kan tillägga att jag inte sett mamma få en ångestattack någon gång. Däremot kunde hon ofta säga att hon sov så mycket för att hon hade ångest. Förmodligen ökade mamma doserna av sin medicin då hon mådde dåligt, vilket hade biverkningen att hon blev fruktansvärt trött. Det som vi anhöriga såg av mammas sjukdom var vad som visade sig i hennes handlingar och humör. Mamma hade svårt att se långsiktiga konsekvenser av sina handlingar. Detta ledde till att hon kunde handla impulsivt utan att tänka på hur handlingarna skulle inverka på andra. Familjen märkte att hon tröståt då hon mådde dåligt. Hennes känslotillstånd hade höga berg och djupa dalar och hon kunde snabbt växla mellan glädje, ilska, djup sorg och stor lycka. Mamma har tagit sig fram i livet på att hon varit mycket duktig på att tala för sig. Hon var också duktig på att dölja större delen av sina symptom väl för de som inte var medlemmar i den närmaste familjen. Varken jag eller någon annan anhörig har fått veta om det finns ett namn på hennes sjukdom. Då jag frågat mamma om vilken diagnos hon har så har svaret varit att hon inte vet. Här blir sekretess ett problem då ingen kan få information om sjukdomen, utom via henne eller med hennes medgivande. På psyket träffade mamma också en ny man. Det var en kille som till utseendet, med undantag för näsan och en lätt kulmage, var mycket lik John Lennon. Det var heller inget sammanträffande, eftersom "Olov" var en stor musikälskare och Lennon fanns bland hjältarna. Olov var också inlagd på psyket och de fann varandra fort. Som vanligt då min mamma velat göra något gick det fort fram. Redan efter några månader hade de gift sig med varandra.

Bostadsbrist

När mamma och Olov väl gift sig uppstod ett bostadsproblem. Huset som mamma hyrde en lägenhet i skulle rivas. 1989 var det inte direkt ett överflöd av lediga lägenheter i Glimtnäs. Mamma gick på socialbidrag och kunde inte tänka sig att flytta in hos Olovs eller sina egna föräldrar. På socialkontoret tyckte man att mamma gott kunde bo hos sina föräldrar tills en ledig hyresrätt dök upp. Mamma hade dock inga planer på att bo hemma igen. En lägenhet behövde ordnas och det fort. Att vänta på att en hyreslägenhet skulle bli ledig skulle ta för lång tid, så hon började därför titta på bostadsrätter. Den typen av lägenhet kostade långt mer pengar än vad en socialbidragstagare kan skrapa ihop. Mamma räknade då ut att det fanns andra pengar som hon kunde få tag i.

Då pappa dog löste en livförsäkring ut med drygt 200 000 kronor. Eftersom mamma och pappa inte var gifta eller hade något med varandra att göra så gick pengarna till mig. En överförmyndare från kommunen skulle se till att pengarna inte användes till annat än de kostnader som fanns för mig och att pengarna inte skulle användas oansvarigt. De här pengarna kom att bli en infekterad historia i min familj. Jag bodde ju inte hos mamma de första nio åren av mitt liv och därmed hade hon inga som helst utgifter för mig under dessa år. Trots detta användes en stor del av pengarna från pappas livförsäkring till henne under den perioden. Det största inköpet blev en lägenhet. Då mamma och Olov blivit lite desperata i sökandet efter en bostad beslöt mamma att köpa en insatslägenhet i mitt namn. Lägenheten var en relativt nybyggd trea. Priset var 100 000 kronor. 50 000 kronor av den summan betalades dock svart till säljaren. Här kan man tycka att överförmyndaren skulle ha reagerat. 100 000 kronor hade bränts på en lägenhet som jag inte bodde i. Till på köpet saknades kvitto för 50 000 kronor. Jag kan tycka att överförmyndarens roll borde ha varit att vägra en delvis svart affär i ett barns namn. Lägenheten var dock inte det enda tveksamma inköpet som överförmyndaren missade. Mamma köpte också bland annat TV, skinnmöbler och en husvagn för pengarna. Husvagnen kom faktiskt mig till nytta i form av semestrar med morfars. Det övriga gynnade min mamma mer än mig. I efterhand har mamma försvarat alla impulsköpen för mina pengar med att de var gjorda med mig i åtanke. Hon menar att lägenheten och allt i den köptes för att jag skulle bo där. Som jag förstår det så trodde mamma att jag skulle vilja bo hos henne om hon bara hade lika mycket prylar som morfars hade. Min slutsats är dock att alla inköpen till viss del handlade om att hon ville ha mig hos sig, men att det främst handlade om hennes egna behov. Jag kan givetvis ha fel vad gäller detta och det vore ju toppen om så är fallet. Mamma har också på senare år sagt att hon hade önskat en del av affärerna ogjorda. Då det kommer till överförmyndarens godkännande av alla dessa affärer och blundandet för att summor ända upp till 50 000 kronor försvann utan några kvitton gör mig orolig för om den här typen av missar är vanliga. Mamma har alltid gjort mycket på impuls och jag antar att en överförmyndare som varit lite mer noggrann hade kunnat hejda en del av de stora inköpen. Jag var vid det här laget åtta år och lyckligt ovetande om allt detta, jag bodde trygg och nöjd hos mina morföräldrar.

Mamma och Olov hade nu löst sitt bostadsproblem och kunde börja med livet ihop som gifta. Att Olov föll för mamma är nog inte så konstigt. Hon kunde vara otroligt charmig, glad och rolig. Mamma har alltid haft ett stort mått humor och hon kunde vara riktigt kul att vara med då hon var på gott humör. Man skulle till och med kunna säga att mamma var en fröjd att vara med då hon inte sov större delen av dygnet eller svängde i humöret. Förhållandet var dock inte utan sina dalar. Både mamma och Olov behövde mycket plats och konstant bekräftelse av varandra. Till på köpet hade båda sina egenheter. Olov hade stort behov av att ha kontroll på saker och ting i sin omgivning, det skulle vara ordning och reda. Mamma å andra sidan har alltid gjort saker spontant och på impuls. Båda hade personligheter som behövde mycket av omgivningen, vilket i sin tur gjorde att de inte alltid kom så bra överens. Man skulle kunna säga att båda hade stora behov som inte alltid kunde tillfredsställas på samma gång. Då de kom på kant med varandra, var det ofta Olov som fick backa då mamma var en storväxt och viljestark kvinna som man inte knuffade runt hur som

18

helst. Under deras tid som gifta hann Olov både bli biten och utelåst ur bostaden. Mamma fick backa i en del fall hon också, vilket vi kommer till senare.

Olov och mamma bodde i den kontroversiella lägenheten i ungefär ett år innan de hyrde ut lägenheten i andra hand och flyttade till "Skråbyn". Skråbyn var ett litet samhälle i en närliggande kommun, för att vara närmare Olovs släkt. Under tiden de bodde i Glimtnäs och då de bodde i Skråbyn brukade mamma och hennes nyblivne make i perioder trycka på hårt för att jag skulle vara hos dem någon helg nu och då. Mormor och morfar höll en del på bromsen då de insåg att mamma och Olovs hem inte var en speciellt trygg miljö att vara i om än mammas önskemål var väl menat. Vid övernattningar hemma hos mamma och Olov brukade Emma följa med som sällskap. Medan de bodde i Glimtnäs kunde jag och Emma smyga iväg och gå tillbaka till morfars om mamma och Olov började bråka. Om de grälade var det ingen som såg om vi smög iväg. Då mamma och Olov flyttat till Skråbyn var det svårare att bara smita ut. Jag minns att vi vid något tillfälle ringde efter morfar och under gråt bad att han skulle komma och hämta oss, vilket han också gjorde.

Det var givetvis inte bara tråkigt att vara med mamma och Olov. Ett av de positiva minnena från en helg med mamma och Olov var då de tog med mig och Emma på Lycksele Djurpark. Djurparkens stigar och vägar sluttar mycket, så det blev besvärligt för mamma att kunna gå runt hela parken. Med hennes dåliga kondition blev det helt enkelt för tungt att gå i backarna. Det löste sig med att hon fick låna en liten bil att köra runt i parken med. Vi fick se björnar, vargar och mycket annat spännande. Det djur jag minns bäst från djurparken var dock en mekanisk fågel som satt i en monter vid djurparkens ingång. Fågeln viftade på vingarna när man gick förbi och började prata. Helt magiskt för ett barn. Den sa "Jag är hungrig. Mata mig. Jag tycker om pengar. Vill du ha en liten grej, stoppa en femma i mig". Efter en del tiggande fick jag en femma. Nedanför plastkupolen som fågeln satt i fanns ett litet vred med plats för en femkrona. Under andaktsfulla former hamnade femkronan i den för ändamålet avsedda urgröpningen. Jag vred förväntansfullt om vredet. Det

20

rasslade till i automaten och en duns hördes bakom den lilla luckan längst ner. Jag öppnade luckan och ut rullade ett klot som innehöll en leksak. Som jag minns det höll klotet längre än leksaken som fanns i det. Så var det med mycket av det jag fick av mamma och Olov. Det kunde se bra ut i början, men visade sig vara tomt i längden. Djurparksutflykten hörde till ovanligheterna. Utflyktsmålen brukade i regel vara av en betydligt blötare karaktär. Mamma älskar vatten och har alltid haft en förkärlek för att bada, så utflykterna till olika bad har genom åren blivit många. Dessa har jag också i huvudsak bara goda minnen ifrån.

Mamma och Olov flyttar söderut

När mamma och Olov bott ett år i Skråbyn fick Olov ett jobb som musiklärare på en kommunal skola. Skolan låg i ett medelstort samhälle i Västergötland, riktigt långt ifrån Västerbotten. Avståndet mellan Glimtnäs, där jag bodde hos mina morföräldrar och orten där Olovs nya jobb fanns var nästan 90 mil. Mamma hade ingen större lust att flytta så långt ifrån mig och alla hon kände, men Olov hade bestämt sig så det var bara att följa med för hennes del. När de hade flyttat så långt bort, varken såg jag till dem eller hörde av dem speciellt mycket.

Det förhandlades dock rätt mycket mellan morfars och mamma om att jag skulle ner och besöka dem. Kompromissen blev att morfars hakade på husvagnen bakom bilen och åkte ner till mamma och Olov med mig och Emma i baksätet. Jag var då fortfarande åtta år men skulle snart fylla nio. Det hela blev en trevlig bilsemester genom Sverige. Hur besöket hos mamma och Olov var minns jag inte så mycket av. Från själva besöket minns jag bara att mamma och Olov under en shoppingtripp bråkade med varandra på en parkering i Borås. Bråket slutade med att mamma i ilska planterade en mjukglass på Olovs huvud.

Det jag främst minns från resan var för övrigt att vi på vägen ner till Västergötland stannade till vid en djurpark som hade ett stort lekland där jag och Emma roade oss kungligt. Utöver husvagnsresan var kontakten mellan mig och min mamma mycket liten under den här perioden.

Jag bodde fortfarande hos mina morföräldrar i ett tryggt och stabilt hem. Morfar och mormor kunde givetvis ha sina dispyter om ostars storlek och andra vardagssaker, men aldrig på en nivå som skärrade oss barn. Jag antar att ni undrar om det där med ostars storlek. Morfar har ofta haft kort stubin då det "onnes"(det vill säga då saker går på tok). Den korta stubinen har i fallet med den stora osten gett familjen ett minne som vi skrattat gott åt i 20 år. En eftermiddag skulle morfar ta sig en smörgås och på smörgåsen tänkte han lägga en skiva ost. Han öppnade kylen och stack in ena handen för att plocka ut osten. Han hade nog behövt båda händerna för att säkert ta ut den stora osten.

Resultatet blev att jordens dragningskraft på den stora osten blev större än den kraft som morfars näve utövade mot ostklumpen. Det ledde i sin tur till att osten lämnade näven för att i stället ta den snabbaste vägen ner mot marken. Det hade ju i sig inte varit något enormt problem. Haken var att en av kylskåpets plastbackar fanns mellan näven där osten börjat sin resa och golvet som var destinationen. Då osten mötte plastbacken brakade det till och plastbacken knäcktes. Morfar reagerade med att ryta till mormor: "Du köp ju sä stor'n ost, han gå int håll ti." (du köper en så stor ost att man inte kan hålla i den ordentligt). Gissa om morfar har fått höra det här återberättas till leda av oss övriga i familjen.

Mormor jobbade inte under min uppväxt på grund av sin reumatism. Hon har så länge jag kan minnas suttit i rullstol i omgångar och genomgått otaliga operationer på grund av att reumatismen förstört leder och senfästen. Mormor har alltid haft mycket värk och varit besvärad av sin sjukdom. Fördelen med att hon i stort sett alltid fanns hemma var att hon i och med det alltid var tillgänglig för barnen. Hon hade alltid tid med

24

oss och såg noga till att vi gjorde våra läxor och skötte oss i skolan. Hennes reumatism innebar också att vi barn fick hjälpa till en del där hemma.

Morfar var pastor i den lokala pingstförsamlingen då jag föddes, men körde också en del buss. Senare började han jobba som målare åt kommunen. Då morfar var den enda som jobbade i en familj med flera barn och dessutom hade en extra grabb att ta hand om i form av mig, var det ganska kärvt ekonomiskt. Hur de fick slantarna att räcka är svårt att förstå, men som barn märkte jag aldrig av att det var snålt ekonomiskt. Vi hade alltid god mat på bordet och vi barn hade alltid vad vi behövde.

Mormors hemby, paradiset på jorden

Vi spenderade mycket tid i morfar och mormors sommarstuga som ligger bredvid mormors föräldrahem. Sommarstugan låg tillsammans med två andra hus uppe på en höjd i förhållande till resten av byn. Från gårdarna kunde man lätt se ner till sjön som bara låg någon kilometer bort. Mellan sommarstugan och gammelmorfars hus var det en stor gräsbeklädd grop som kallades "grova", som var ett dike i jätteformat. Att sparka en boll över grova gick, men det var inte så lätt. Vid gammelmorfars hus låg en rektangulär gårdsplan med en ladugård längst efter och med hundgårdar på ena kortsidan. Då de hade tagit hem nya valpar satte de upp en provisorisk hundgård med en liten koja vid sidan av gårdsplanen. Att gå och prata med hundarna var för övrigt en av favoritsysselsättningarna för mig och Emma. På kortsidan av grova låg en sommarstuga till som tillhörde en av mormors fyra bröder. Då vi inte var upptagna med att leka på gården, fiska i sjön eller i någon bäck brukade vi titta in hos gammelmorfars.

Där gjorde man små uppgifter åt gammelmormor och fick alltid en bra slant för besväret. Uppgifterna kunde bestå i att sopa under bron (trappen in till huset) eller att dammtorka något. För mig är det mest gammelmormor som jag haft en längre relation till då gammelmorfar blev dement då jag fortfarande var rätt liten. När vi höll till i stugan på somrarna fiskades och badades det i sjön och på vintrarna blev det utflykter med snöskoter. Vi barn spenderade en hel del tid ute med morfar i skog och mark. Han berättade historier och lärde oss simma, fiska och ro båtar. Det var helt enkelt rätt så idylliskt med täljda visselpipor, grönska på kläderna och allt som hör till. Mina två morbröder var också duktiga på att hitta på saker med mig och Emma i mormors hemby. Det blev mopedåkning, fiske och så småningom flygning. Min äldsta morbror skaffade sig först ett flygcertifikat och några år senare ordnade sig den yngre också ett flygcertifikat. Båda var med i en flygklubb och ibland kunde man få åka med en sväng i sjöplanet. Det var minsann något att skryta för kompisarna om.

I byn där sommarstugan ligger bodde gammelmorfar, gammelmormor och tre av mormors bröder. Mormors fjärde bror hade också en sommarstuga i byn. Alla de här människorna har varit enormt viktiga för mig och inte minst "Stig". Han hade MS och jag kan bara minnas honom sittandes i rullstol. Hans sjukdom gjorde att han förlorade synen på ett öga, han hade "snudd på" ingen rörlighet i benen och ena armen. Han kom i mitt fall att bli enormt betydelsefull som en god lyssnare, men det kommer vi till senare. Stig var trots sin sjukdom trygg och ofantligt inspirerande som människa. Hans bröder hade modifierat en släde så att han kunde vara med på vinterns alla utflykter. Han gav oss barn enklare uppdrag och betalade oss bra för insatserna. Han var utöver det riktigt bra på att surra med oss barn och om han blev less någon gång sa han bara "jaja...". Gammelmormor var lite oroad över hans vikt och höll koll så att han inte skulle käka för mycket godsaker. För att komma runt detta brukade Stig be oss barn skala en kola. I samma ögonblick som han sa det höll han upp två fingrar vilket betydde att vi skulle skala två lite diskret.

Sommarstugan med omnejd är kopplat till många goda minnen. Det finns dock några lite svårare. Mamma hade i omgångar hotat att bara ta mig och sedan aldrig mer lämna tillbaka mig till morfars. Sådana gånger fick jag och Emma gömma oss.

Vid ett tillfälle då mamma och Olov kom till sommarstugan, började de bråka om att de skulle ha mig. Stämningen var mycket upprörd. Emma upplevde det hela som mycket hotfullt och obehagligt.

Emma viskade då till mormor att hon skulle fara med mig ut till skogen. Hon smög ut med mig medan mamma och Olov var för upprörda för att märka det. Emma upplevde det som att hon var tvungen att gömma oss för att jag inte skulle tas ifrån henne.

Vi gick efter en stig som morfar brukade gå med oss. Vid sidan av stigen en bit in i skogen fanns ett stort flyttblock som vi kallade "storsten". Vi stannade vid den stora stenbumlingen en lång stund. Emma försökte leka med mig så att jag inte skulle bli rädd. Det var massor med mygg i skogen och vi hade inget myggmedel. Emma trotsade myggen och gjorde sitt bästa för att distrahera mig medan hon lyssnade efter höjda röster.

Efter ett bra tag, då inga röster hördes längre, smög vi tillbaka mot stugan. Vi följde inte stigen sista biten till stugan utan gick över bäcken som rann en bit bakom stugan och låg och väntade länge i en sluttning nära huset. Först när Emma såg att mammas bil var borta vågade vi gå in i stugan. Mamma och Olov hade väntat på oss men tröttnat och åkt hem.

Att mamma kom till stugan för att fysiskt hämta mig från morfars hände mer än en gång. Emma minns speciellt ett tillfälle då mamma kommit för att hämta mig. Jag satt uppe i våningssängen med Emma. Hon hade klamrat sig fast vid mig så att mamma inte skulle kunna ta mig. Mamma försökte då övertala Emma att släppa taget om mig. Emma upplevde att mamma ville övertala henne om att jag inte hörde hemma hos morfars. Mamma ville inte göra Emma ledsen och försökte få henne att förstå hur hon tänkte. Mammas argument var att jag som hennes biologiska barn tillhörde henne. Emma var vid dessa tillfällen helt förkrossad och livrädd att förlora sin lillebror. Mamma såg mig som något hon hade rätt till men hon såg inte sina egna begränsningar och hur dessa skulle påverka mig.

Mamma trodde nog att hon skulle klara av att vara mamma på heltid, så det var ju inte illa menat från hennes sida. Faktum var dock att hon var för omogen och hade alldeles för mycket med sitt eget för att klara av ett litet barn. Medan hon bodde i Glimtnäs med Olov tog hon mig också vid några tillfällen, men det varade sällan mer än ett dygn då hon var för trött för att kliva upp på morgonen. Hon hade ibland perioder då hon verkligen inte kunde ta sig upp förrän efter lunch eller ibland senare. Då hon hade tagit mig till lägenheten blev det i regel så att jag gick tillbaka till morfars då jag blev hungrig och mamma inte gick att väcka på morgonen. Men nu bodde ju Olov och mamma i södra Sverige och jag kände dem inte speciellt bra då jag under ett par år träffat dem ytterst sällan.

Oväntat besök

En dag då jag var nio år gammal, dök plötsligt mamma upp på skolgården. Jag blev förvånad, för ingen hade talat om att hon skulle komma och hon bodde ju riktigt långt bort. Hon talade om för mig att hon tagit mig ledigt från skolan för att hon skulle köpa kläder åt mig i Umeå. Jag följde med och satte mig i bilen. Förutom mamma så satt en främmande kvinna i bilen. De låste dörrarna och körde iväg. Jag märkte snart att vi inte bara skulle köra till Umeå. Min mamma hade kidnappat mig! Mamma hade inte förvarnat någon utan ryckte på eget bevåg bort mig från allt jag kände till och allt jag var trygg med. Jag grät och var otröstlig under resan. Jag kommer inte ihåg om mamma stannade längs vägen och ringde till morfars och talade om var jag var eller om hon körde hela vägen till Västergötland innan hon ringde. I vilket fall måste det ha varit en fruktansvärd känslomässig smäll för mina morföräldrar. Pojken som blivit som en son för dem, hade ryckts bort från dem utan förvarning, för att bo med två människor som inte var mogna uppgiften.

Väl nere i Västergötland visade det sig att den okända kvinnan i bilen var mammas granne. Mamma och Olov överöste mig till en början med uppmärksamhet och mutor/presenter. De pratade hela tiden om att mormor var elak och att jag skulle bo hos dem. De tutade i mig att allt skulle bli så bra och att jag var tvungen att vara hos dem. Jag slets hårt mellan att vara lojal med de människor som i praktiken varit mina föräldrar och att tro på vad min biologiska mamma sa. Som barn tror man ju att vuxna talar sanning. Det blev riktigt svårt för mig att veta vem jag skulle tro på, då mammas och morfar och mormors versioner var så olika. Jag hade svårt att veta på vilken fot jag skulle stå. Mina morbröder kom rätt snabbt ner till Västergötland för att tala mamma tillrätta och få tillbaka grabben som varit deras lillebror i praktiken. Mamma och Olov hade dock övertalat mig att inte följa med mina morbröder tillbaka. Jag kom rätt snabbt att bli olycklig i Västergötland. Jag saknade min familj och mina kompisar. Det blev ännu mer tungt i och med att jag inte visste om jag skulle tro på mammas eller mormor och morfars beskrivningar av hela situationen runt mig.

Jag fick vid ett par tillfällen flyga upp till Västerbotten och hälsa på morfars. Jag hade svårt att veta vem jag skulle ty mig till. Då jag fick hälsa på morfars knöt jag an till dem och när jag var tillbaka i Västergötland blev det mamma.

Mamma och jag blev bara kvar i södra Sverige i ett år. Förhållandet mellan mamma och Olov knakade ordentligt i fogarna. Olov behövde mycket plats och uppmärksamhet och han blev snabbt avundsjuk på den nya medlemmen i familjen. Jag skulle få kosta så lite som möjligt. Några besök till frisören blev det inte och mängden inköpta kläder var minimal. Jag kan tänka mig att Olov upplevde mig som en kil mellan honom och mamma. Samtidigt accepterade jag honom aldrig som en fadersfigur vilket förmodligen gjorde honom rätt ont.

Under året i Västergötland hann Olov och mamma flytta till ett hus i en liten by utanför staden. I staden hade jag inte trivts i skolan. Jag var ny i klassen vilket brukar föra med sig en del utsatthet. Till på köpet var jag väldigt känslig och mina reaktioner på alla incidenter i skolan blev oproportionerligt stora. Detta gjorde mig till en tacksam måltavla för andra barn.

Skolan i byn som vi flyttade till var bättre. Där fick jag också några kompisar på gatan. Det var dock inte speciellt bra hemma. Jag längtade hem till Västerbotten. Västergötland var som ett annat land. Folk pratade annorlunda och landskapet var något helt annat. På vintern fanns ingen snö att tala om och det fanns inte ett berg eller en dal så långt ögat nådde. Allt var bara platt. Jag saknade Västerbotten, landskapet, snön, luften och hur folk pratade. I Västergötland fanns det inte en människa som kunde uttala mitt namn rätt. Jag var van att man sa Andreas med jämn betoning. I Västergötland betonades E:et vilket gjorde att jag inte längre blev kallad Andreas utan "AndrEE...as". Vi kan konstatera att jag inte gillade det. Jag kände mig som en främling, isolerad i en ny familj och en ny kultur.

Allt var givetvis inte nattsvart. Det finns en del trevliga minnen från den här tiden också. Det kunde vara bra då vi gjorde utflykter till äventyrsbad och liknande. Jag har alltid gillat att bada och mamma tyckte att det var minst lika roligt. Det finns en hel del minnen från olika badutflykter som sticker ut. Ett minne från tiden före flytten till västergötland är från badhuset i

Umeå där mamma gav sig på att hoppa från höga svikten. Det kanske inte låter så festligt, men då man tar in i beräkningen att hon var en storväxt kvinna och att hon landade nära fikaborden vid badhusets kiosk blir det desto roligare. Mamma tog sats, kastade sig ut från svikten och bildade en boll med kroppen. Då hon tog i ytan blev alla som fikade närmast polen ordentligt blöta. Om det hade varit på film skulle det ha gjort sig riktigt bra på *Youtube*.

En lite mer unik badhistoria om mamma är då hon fixade eget badhus i lägenheten i Glimtnäs. Med presenning och lite brädor ordnade hon en improviserad pool inomhus. Mamma har ju som jag tidigare nämnt alltid haft lätt att göra en del impulsiva saker. Det här var ett praktexempel. Jag var inte med men Emma var där. Det var nog roligt till en början, men då poolen började visa tecken på att brista blev det brådskande att tömma. Problemet var bara att lägenheten låg på andra våningen och enda sättet att få bort vattnet ur poolen var att hinka ner det i toaletten. Givetvis skapade det ett väldans liv i avloppsrören. På grund av oljudet började grannarna i huset att ringa på för att ta reda på vad som försiggick. Emma blev då beordrad att blåljuga och säga något i stil med "Vi har ingen aning om vad det kan vara.".

Vi återgår till tiden i södra Sverige. Mamma och Olov skavde på varandra och jag fick inte mycket plats, annat än skarpa tillsägelser från Olov om att rummet inte var ordnat till belåtenhet. Höjda röster hörde till vardagen. Jag visste dock mycket väl att jag inte skulle prata med någon utomstående om hur jag hade hamnat hos mamma och Olov eller hur det var hemma. Jag tycks minnas att mamma tydligt sa att jag inte skulle prata med andra om att hon hämtat mig på det sätt hon gjort. Hon var min mamma och hon menade att det var hennes rätt att ha mig. Det var en familjesituation som alla involverade for illa av. De båda vuxna behövde mer stöd av varandra än de kunde ge. Då ett barn också kom in i bilden blev det ännu mindre utrymme åt relationen. Både Olov och mamma hade starka viljor och ville få igenom sina önskemål på stört. Detta ledde till att de konstant trampade på varandras tår. Om Olov exempelvis sårat mamma på något sätt så tjatade han "förlåt" tills hon förlät honom. Det hela kan tyckas

37

ganska barnsligt, men ibland blev även detta rätt så farligt. Då Olov körde bil och de nyss hade haft en konflikt satt han och tjatade "förlåt" samtidigt som han tittade mer på henne än på vägen. Olov kunde också vara rätt hård. Av någon anledning hade han fått dille på att jag skulle ha mina saker i en viss ordning och bädda min säng på ett specifikt sätt. Han brukade ofta kontrollera att jag "bäddat rätt", om det inte var till belåtenhet kunde han riva upp allt eller till och med välta möbler. Därefter brukade han hålla en lång och upprörd monolog om att mitt rum såg ut som "Jerusalems förstörelse". Sedan var det bara för mig att göra om och göra rätt. Mamma tog mig oftast i försvar och detta blev nog ytterligare en kil i deras äktenskap.

En dag då Olov var hemifrån övertalade jag som tioåring mamma att vi behövde komma därifrån. Hon nappade faktiskt på förslaget och vi packade det viktigaste i påslakan för att sedan köra hela vägen upp till Glimtnäs. Jag hade då bott i Västergötland i ungefär ett år. Under resan stannade vi bara för att tanka och vila en kort stund. Då mamma skulle stanna och tanka hade hon oturen att välja en bensinpump som var trasig. Då hon börjat tanka slutade pumpen aldrig att spotta ur sig bensin. Hon blev mer eller mindre panikslagen. En karl skulle hjälpa till, men han gav också upp. Det hela bar sig inte bättre än att mamma blev mer eller mindre duschad av bensin. Givetvis luktade det en del bensin i bilen under resten av resan. Det störde mig inte det minsta. Lukten påminde mest om lukten från mopeder, skotrar och annat som jag kopplade till mormors hemby. Jag kan än idag tycka att oljeblandad bensin luktar gott. Lukten hänger på något sätt ihop med positiva minnen. Vad gäller mina minnen från året i Västergötland så minns jag tiden som ett trauma och som en mycket otrygg period i mitt liv. Mamma har en betydligt mindre olustig minnesbild av den här perioden. Hon minns den som en tid då hon och jag kom varandra närmare. Hur jag än belyser det året kommer det dock för min del aldrig att framstå i ett rosa skimmer.

Hem, ljuva hem

Väl uppe i Glimtnäs ångrade sig mamma efter ett telefonsamtal med Olov. Vi skulle åka tillbaka! Jag blev förkrossad. Jag hade just kommit tillbaka till huset jag alltid sett som hemma och jag var omgiven av folk som jag kände mig trygg med. Jag klamrade mig fast vid första bästa möbel och vägrade åka. Efter en rejäl övertalningsinsats från familjen i Glimtnäs, ändrade sig mamma igen och skulle stanna i Glimtnäs. Olov och mamma skiljde sig och vi blev båda kvar i Glimtnäs. Jag började i min gamla klass igen och mycket var som det hade varit innan. Slitningarna mellan mamma och mormor tycktes också vara betydligt mindre. Det var inte helt solklart vart jag skulle bo, när vi kom tillbaka till Glimtnäs. Det blev en slags kompromiss. Jag var en hel del hos morfars, men bodde i huvudsak hos mamma. Vi flyttade in i den omdiskuterade lägenheten som tidigare hade varit uthyrd i andra hand.

Det funkade relativt bra inom familjen under den här tiden. Mamma var stabil och började på vårdskolan och visade intresse av att styra upp sin tillvaro. Jag kunde vara där jag ville så mycket jag ville. En dag hände någonting som jag hade varit livrädd för ända sedan vi kommit tillbaka till Västerbotten. Det var under sommarlovet mellan sjätte och sjunde klass, jag var i lägenheten med mamma då det ringde på dörren. Jag gick dit för att öppna och när jag tittade genom kikhålet på dörren stod Olov på andra sidan. Jag öppnade inte utan sprang till mamma för att tala om vem som hade dykt upp. Till min stora fasa var mamma inte det minsta överraskad. Olov kom inte objuden. De hade varit i kontakt en längre tid och beslutat sig för att slå ihop sina påsar igen. Till en början bröt jag ihop och grät. Jag blev strängt förbjuden att berätta för någon att Olov var tillbaka i bilden. Det smusslades något väldigt för att ingen skulle veta att han var där. Till en början sa de inte till mig att de hade planer på att jag och mamma skulle flytta ner igen. Till mig sa de bara att Olov var på besök. De lovade också att de själva skulle bli annorlunda. Olov hade blivit bättre och skulle inte vara så snål och snarstucken mot mig och vi skulle vara en riktig familj. Till en början trodde jag inte på ett ord de sa och kämpade emot allt jag kunde. Sedan började de tala illa

41

om morfars igen och genom hårda påtryckningar fick
jag veta att jag absolut inte skulle få tala om vad som
försiggick. Efter ett tag verkade det också som att Olov
var genuint annorlunda. Jag fick till och med en ny
cykel av honom. De tog också med mig på en tripp med
husvagnen och de skämde bort varandra och mig med
vad de kände för.

När sommaren började gå mot sitt slut kom nästa
dråpslag. De talade om att vi skulle flytta tillbaka till
Olov. Jag tog inte nyheten speciellt väl. Jag skulle i alla
fall få säga hej då till kompisarna den här gången. Men
jag fick inget annat val än att följa med. Som genom ett
under lyckades morfars få vetskap om vad som var i
görningen. De lyckades tillsammans med min gamla
skolfröken få mamma att stanna för min skull. I
samband med detta kom det också fram att det inte var
Olov som bekostat vår lilla husvagnssemester och han
hade inte betalat cykeln heller. Pengarna hade tagits från
mitt konto där pappas livförsäkringspengar fanns. Med
andra ord hade jag fått bekosta hela kalaset. Jag kände
mig oerhört sviken då så mycket hade gjorts bakom min
rygg. Olov lämnade våra liv för gott den här gången,

men sommaren hade blivit dyr för min del. Inte bara ekonomiskt utan även känslomässigt. Jag hade blivit ryckt från all trygghet för en andra gång och det hade ljugits och lurats gentemot mig från vuxet håll. Efter den sommaren hade jag enorma problem att lita på vad mamma sa och gjorde. Temat att jag skulle hålla hennes hemligheter fortsatte dock i stort och smått. Jag skulle till exempel hålla hemligt för mormor att hon rökte i åratal.

Mina klasskompisar hade fått höra att jag skulle flytta, men till min lättnad och deras förvåning började jag sjuan med dem i Glimtnäs. Klassen hade blivit större då det hade tillkommit elever från byarna utanför Glimtnäs. Jag fick några nya bekantskaper, men blev tyvärr hackad på en hel del i sjuan. Antalet kompisar minskade enormt och jag blev måltavla för elever som inte var så där jättesnälla. På högstadieskolan gjorde man mycket lite för att förbättra det hela. Det ordnades en del samtal med föräldrar till de inblandade barnen men det var i stort sett det hela. Året var överlag rätt tungt. Jag ville inte gå ut ensam på kvällarna då jag ibland blev påhoppad av folk jag inte ens kände. Jag mådde med andra ord rätt dåligt.

En ljuspunkt var att min farfar gjorde entré i mitt liv det här året. Hans dåvarande fru hade tyckt att han borde lära känna sitt äldsta barnbarn. Farfar hade vad jag minns, inte träffat mig en enda gång de första 13 åren av mitt liv. Som hustrun önskade blev det också. De hälsade på en del, men hon var sjuk i cancer och då hon dog minskade kontakten med farfar igen. Jag hade haft en del kontakt med andra släktingar från pappas sida av släkten, men det hade varit lite och långt mellan gångerna. Farmor träffade jag en till två gånger om året och de övriga mer sällan. Farmor och farfar var skilda innan jag föddes, men båda bodde inom en fem mils radie från Glimtnäs. Trots att det inte var några avstånd att tala om så var kontakten med dem mycket svag. Vad det berodde på är svårt att säga.

Jag trivdes som sagt inte bra i skolan men jag var nöjd att jag fått stanna i Glimtnäs. Det började också gnissla lite hemma då mamma tyckte att jag borde hjälpa till mer med städning och annat. Vi hade lite olika idéer om vad som var lagom mycket för mig att göra. I det här läget klev mammas socialsekreterare in i bilden. Hon började dyka upp hemma hos oss för att medla mellan mig och mamma och hon jobbade hårt för att jag skulle ta mammas parti i förhållande till mormor och morfar. *"Britta"* som socialsekreteraren hette menade att det var viktigt att jag stöttade och hjälpte min mamma. Vad gällde fördelningen av sysslor hemma så lyckades hon medla fram en bra lösning mellan mig och mamma. Vad gällde allt som skett bakåt i tiden så pressades jag att säga att jag förlät mamma för allt fastän det fortfarande var färskt och gjorde ont. Tillvaron var ändå någorlunda fredlig hemma. Men inte speciellt länge.

Då kom nästa chock. Mamma hade lite på impuls kollat på ett hus i Spannliden i samband med att hon hade bilen på en verkstad där. Spannliden var en liten kommun som gränsade till Glimtnäs. Huset hade stått tomt i ungefär fem år och var riktigt nergånget. "Kråkslott" är en lämplig synonym. Den utvändiga färgen hade mer eller mindre gett upp allt hopp om räddning och fallit till marken. Insidan var också i stort behov av omsorg. Prislappen var dock riktigt låg,

40 000 kronor skulle huset kosta. Mamma tog då ett lån hos banken med huset som säkerhet och slog till utan att ha förvarnat mig eller någon annan. Jag ville inte bli uppryckt igen. Visst var det ingen höjdare i skolan men jag föredrog att stanna kvar i Glimtnäs framför att bli uppryckt utan att vara tillfrågad igen. Jag började prata om att jag ville stanna i Glimtnäs om mamma skulle flytta igen. Socialsekreteraren Britta ryckte ut igen och övertalade mig om att jag inte hade något val och att barn som inte fyllt 18 år ska bo med sina biologiska föräldrar. Det var bara att följa med, vare sig jag ville eller inte. Jag fick gå färdigt sjuan i Glimtnäs innan flyttlasset gick. Vad blev det av lägenheten då? Mamma hade ju köpt den för 100 000 av mina pengar och i mitt namn. Vid det här läget hade värdet på bostäder i Glimtnäs gått ner dramatiskt. Så var även fallet med lägenheten vi bodde i. Mamma bestämde sig för att sälja den för en krona för att fort bli av med den så fort som möjligt. Den här affären var ingen överförmyndare inkopplad på. Jag tyckte att hon i alla fall kunde hyra ut den igen. Morfar och mormor var också tydliga med att det tyckte att det hela var en dålig idé. Det var i

samband med den här affären som det gick upp för mig att största delen av pappas livförsäkring nu var förbrukad och inte på ett sätt som gynnade mig det minsta. Då jag tog upp med mamma att jag tyckte det var dumt att ge bort lägenheten reagerade hon med att bli arg. Vid ett tillfälle blev hon så arg att hon svor och skrek att hon hatade mig, att jag var girig och otacksam, sedan tog hon en stol och slog sönder den mot golvet. Det hela var enormt hotfullt. Som tur var så var jag inte ensam med henne den gången. Emma var med och kunde backa upp mig.

Då bar det av igen

Den 20 maj 1998 flyttade vi till Spannliden. Från den här flytten och framåt kom mammas humör att bli mer och mer oberäkneligt. Det ledde i sin tur till att jag började tassa runt de flesta konflikter för att slippa ett utbrott av ohämmad gråt eller ilska. Mamma har alltid varit beroende av mycket uppbackning och jag tror att hon i och med flytten till Spannliden började må sämre. Jag tror också att jag uppfattade det som att hon mådde sämre då det nu inte fanns någon buffertzon mellan mig och mamma. Förut hade det funnits andra som fått ta smällarna av mammas sjukdom, nu var det bara vi två i ett hus på en ny ort. Det gjorde att jag blev exponerad för mycket mer av mammas bekymmer än tidigare. Under den här tiden hade mamma mycket nära till känslorna. Det kunde svänga fort mellan översvallande lycka och höga skratt till gråt och ilska.

Huset som mamma hade köpt visade sig ligga granne med Brittas hus. Britta var inte längre mammas socialsekreterare i och med att vi flyttat från Glimtnäs, men mamma fortsatte att vända sig till Britta med sådant hon behövde ha hjälp med. Britta ville gärna hjälpa mamma vilket gjorde att hon backade upp mamma i alla lägen. Problemet blev bara att Britta i sin iver att hjälpa mamma bara såg saker på det sätt som mamma framställde dem, även då det gällde mig. Hon ville väl och gjorde sitt bästa för att hjälpa mamma, men hon blev också ett verktyg mamma använde för att få sin vilja igenom gentemot mig.

Huset var i ett ruskigt risigt skick. Morfar och mormor hade sagt att de inte skulle sätta sin fot där som en markering att de var emot hela flytten. Men när vi väl bodde i huset kom morfar och den yngre av mina morbröder och hjälpte oss att måla huset utvändigt, dra ny el inne, byta en del fönster och renovera sovrummen. Mitt sovrum var i sämst skick. Taket hängde ner i mitten som en ölmage och golvbrädorna hade slagit sig åt alla möjliga håll. Det såg helt enkelt för bedrövligt ut. Då morfar och min morbror var klara såg det ut som ett helt annat rum. Tak, golv och väggar var som nya. Jag kom att spendera bra mycket tid i det rummet. Det blev en liten bubbla som jag hade kontroll över.

Mamma fick en ny egenhet i och med flytten till Spannliden. Då huset skulle möbleras räckte inte våra möbler speciellt långt. Då det alltid var snålt om pengar hemma fanns inte möjligheten att köpa nytt. Mamma upptäckte då *Myrorna* och alla sorters loppisar. Hon märkte att man kunde få ganska många möbler för en liten summa förutsatt att möblerna var i lite risigt skick. Till en början köpte hon bara möbler och prydnader för att fylla ut det tomma huset. Snart blev det något annat. Mamma har alltid haft en förmåga att överskatta vad hon orkar och klarar. Detta ledde till att hon började se möblerna som en möjlighet att tjäna lite pengar. Hon räknade ut att hon skulle kunna köpa möbler billigt på myrorna och liknande ställen och sedan sälja dem med vinst om hon rustade upp dem. Det förekom också att hon tog rätt på sådant som andra slängt på tippen. Några upprustade möbler blev det aldrig. Däremot fortsatte samlandet. Möbler och prylar började staplas på varandra. Till en början fylldes förrådet och mammas sovrum. Därefter började andra rum bli fyllda till den grad att det bara fanns gångar att gå i. Så länge jag bodde hemma var det begränsat till några rum, men då

50

jag flyttade ut nådde det en kulmen. Till slut var det i stort sett bara köket som inte var belamrat.

I Spannliden var det ingen som visste hur det kunde vara hemma hos oss. Mamma kan lysa upp vilket mörkt rum som helst då hon är på gott humör. Så länge som jag bodde hemma så uppvisade hon i stort sett bara goda egenskaper utanför hemmet och då vi hade utomstående på besök. Det gjorde i sin tur att jag inte kunde prata med någon om de gånger det inte var bra hemma. Givetvis var mamma glad och trevlig för det mesta, även när det bara var vi hemma. Däremot kunde jag aldrig riktigt veta hur humöret skulle svänga. Om något gjorde henne ledsen kunde hon gråta ohämmat och det ville man ju inte orsaka. Blev hon arg kunde hon säga eller ryta riktigt smärtsamma saker om mig, min döda pappa eller hota med att göra sig själv illa. Om hon någon gång blev så arg att hon blev våldsam var det i regel saker som fick ta stryk. Jag råkade tack och lov sällan ut för mer än att hon kastade något mot mig eller grep tag runt armen och klämde åt vad hon orkade. Däremot upplevde jag det som att hotet om fysiskt våld mot henne själv eller mot mig kunde hänga i luften om än inte uttalat. Ibland blev hon så arg att hela hon fysiskt vibrerade och blev helt tom i blicken. Vid ett tillfälle då vi bråkade tog hon bilnycklarna och sa att hon skulle köra ihjäl sig om hon nu inte dög som mamma. Hon blev borta i timmar och jag mådde förskräckligt dåligt.

Men svängningarna i hennes humör är ju inte hela bilden av min mamma. Hon kunde vara varm och omtänksam lika ofta som hon var ledsen eller arg. Det som gjorde mig så otrygg var att jag inte kunde veta från en stund till en annan vilket humör hon skulle vara på.

En annan bit som kunde trassla till det för mig var att mamma hade perioder då hon inte orkade mycket mer än att sova. Problemet var att det inte gick att veta när mamma skulle ha en sovardag. Hade hon en sovardag var det hopplöst att väcka henne. Om det var något man behövde fråga om eller säga till om fick man anstränga sig för att få henne att vakna till. Då hon väl gick att prata med somnade hon i regel om direkt. Detta ledde i sin tur till att hon ofta inte mindes vad hon pratat om då hon var nyvaken. Det kunde också ställa till bekymmer om hon lovat att skjutsa mig någonstans. Då det var tid för avfärd var det inte säkert att hon gick att väcka. Då var det bara att ringa återbud till vad man nu hade lovat. Skulle jag till någon kompis eller hitta på något så fick det lov att vara på gångavstånd. Pingstkyrkan anordnade innebandy på fredagskvällar och därefter fick man fika och umgås med andra ungdomar på kyrkan. Pingstkyrkans verksamhet var ovärderlig för min del. Dels som ett ställe att få kontakter och dels som ett legitimt sätt att komma från huset. Badhuset var också ett bra ställe för mig. Dit kunde man fara och träffa kompisar och vara som alla andra en stund.

Spannliden är ett litet ställe och det är inte lätt att bli en i gänget då man kommer som ny i en klass. Så första tiden på skolan hade jag svårt att komma in. Jag fick en del kompisar vart efter tiden gick. Bland annat en kille i klassen som hade en mamma som också hade problem med psykisk ohälsa. Hennes bekymmer var av en annan karaktär och hon var dessutom helt öppen med att hon hade besvär.

När jag började ta hem kompisar på besök gick det snart upp för mig att mammas humör var stabilt och uppåt så länge jag hade folk hemma. Detta ledde senare till att jag såg till att ha så många filmkvällar som möjligt och konstant bjuda hem kompisar till mig. Vad jag förstått på mamma tyckte hon att det var trevligt med ungdomar i huset, så det vann ju alla på. Men det var först närmare gymnasiet som jag kunde sätta detta i system.

Under högstadiet var kompiskretsen mycket mindre och jag hade inte någon jag kunde tala rakt ut med om hur det kunde vara mellan mig och mamma. En av tjejerna i klassen, som också bodde granne med oss hade en mamma som mådde dåligt psykiskt i perioder, om än på ett helt annat sätt än mamma. Jag försökte tala med henne om en del, men insåg snart att det inte var lönt att gå djupare då sådant jag sagt till henne fort kom fram till min mamma. Mamma tyckte också, med uppbackning av Britta, att jag skulle ta en större del av göromålen i huset. För Britta framstod det nog som att jag var en lat, gnällig tonåring som var uppstudsig mot min deprimerade mor, som på grund av sin storlek inte kunde göra vissa saker. Den bilden var dock helt och hållet baserad på mammas uppgifter. Som jag minns det slutade det med att mamma skötte mat och tvätt och jag skötte dammsugning, vaskning, gräsklippning och snöskottning. Gräsklipparen var bedrövlig och gräsmattan stenig. Vad gällde dammsugning och vaskning så blev det svårare i takt med att mängden möbler ökade. De perioder mamma sov mycket var hon inte igång förrän långt efter lunch och i sådana perioder blev det inte så mycket gjort hemma. Ville man äta något sådana dagar fick det bli att ordna det själv eller bjuda hem sig till någon kompis. I det här fallet minns mamma det som att jag gjorde mindre hemma och hon mer. Hur vi än vänder och vrider på det så gjorde jag mer hemma än mina jämnåriga kompisar.

Om mamma tyckte att något inte var till belåtenhet där hemma så som att städningen inte blev gjord på utsatt kväll, gräset var för långt eller att skottningen inte var nog bra kunde hon be Britta eller någon annan grannfru komma över. Dessa besök brukade i regel betyda att jag blev överkörd.

Att jag tyckte att jag gjorde tillräckligt eller att det inte spelade någon roll om jag städade på fredag eller lördag fick jag inte något gehör för. Både nu och då

55

kunde det sluta med att jag grät. Mamma tog dock aldrig i med de vassare orden och metoderna då Britta var med. Det användes i regel bara då vi var själva. Ibland kunde mamma komma och be om ursäkt för något hon sagt eller gjort dagen innan. Då var det bara att säga att allt var förlåtet, men jag visste att det var en tidsfråga innan jag skulle vara i kläm igen.

Så länge det bara var vi två i huset blev jag måltavla då hon var frustrerad över något. Ett exempel på då jag fick skulden för något hon råkat ut för var när jag hade varit hos morfars en helg. Det var vinter och det hade snöat ordentligt medan jag var borta. Mamma hade inte skottat något i min frånvaro för det var ju mitt jobb. Då hon skulle ut plöjde hon sig istället fram med bilen genom snön på gården och plogvallen vid vägen. Det gick bra då hon skulle ut från gården. När hon skulle hem gick det sämre. Hon tog sats mot plogvallen och prickade vår brevlåda istället för vår uppfart. När jag kom hem fick jag tidernas utskällning. Jag skulle ju ha förstått att jag inte kunde fara hemifrån en hel helg om det skulle snöa. En liknande incident inträffade då hon på vintern skulle backa ut bilen från garaget och lyckades knäcka av en backspegel på vägen ut. Den gången reagerade hon först med att tjuta och gråta riktigt högt och ohämmat. Jag försökte få in henne i huset så fort som möjligt så att grannarna inte skulle höra. När hon gråtit färdigt inne i köket blev hon istället arg. Hade jag bara ordnat så att det hade varit mindre halt vid garaget hade inte något hänt. Som vanligt var det något jag gjort eller inte gjort som låg till grund för hennes motgång. Så länge det bara var jag och mamma i bilden fick jag ta ganska mycket av det här slaget. Det blev dock lite lugnare för mig då en ny spelare kom in i bilden. Mamma hittade en ny kille i Spannliden vilket lättade en del på trycket mot mig. Då kunde en del konflikter som annars hade blivit med mig bli med den nya killen istället. Det gav mig lite andrum.

Skuld och skam

I mitt fall var det också mycket skuld involverat. Då mamma var upprörd kunde hon häva ur sig att hon önskade att jag aldrig blivit född eller att det var mitt fel att saker var som de var. Det förekom också att hon högg på pappa vilket sved otroligt. Då hon lugnat ner sig brukade hon i regel be om förlåtelse. Hade hon en svajig period kunde detta upprepa sig några gånger i tät följd. Den här situationen hjälptes inte av att Britta påpekade att mamma hade det så jobbigt för att hon var sjuk och inte orkade med allt hemma. Att jag därför dels skulle ta ansvar för mer hemma än andra barn och dels att jag var tvungen att förlåta allt som mamma gjort tokigt tidigare. Jag tog det som att jag hade hjälpt till för dåligt eller varit en för besvärlig son. Det var alltså till någon grad mitt fel att mamma i perioder inte orkade annat än att sova eller att hennes humör svängde så fort.

Vid några tillfällen försökte jag att få hjälp av Britta att få bo någon annanstans. Hennes respons var mer eller mindre att jag var skyldig att förlåta allt som mamma gjort. Det var dessutom min plikt som mannen i huset att underlätta så mycket som möjligt för mamma som det ju var synd om. Jag förklarade givetvis aldrig hela bilden för Britta och de bitar jag tog upp tror jag inte hon trodde på. Hon tog helt enkelt mammas parti i de allra flesta fall. Jag hade då ansvar för hur min mamma mådde, för mig själv och för hur jag skötte skolan. Mamma såg aldrig till att jag gjorde mina läxor eller klagade på om något betyg var dåligt. Hon behövde inte ligga på om att skolan skulle skötas då jag skötte den utan att någon behövde tjata om det. Engelska och samhällskunskap var nog mina favoritämnen. Jag gjorde inte väsen av mig och försökte att vara en flitig elev. Det var ingen bland skolans personal som någonsin frågade mig om hur det var ställt hemma. Den hemligheten förblev väl bevarad. Jag var dessutom rätt verbal och framåt vilket inte sände varningssignaler. Den vuxne i Spannliden som jag hade talat lite med om hur det var ställt hemma hade ju inte direkt hjälpt mig, utan istället tagit ställning för mamma, så jag tänkte att det inte var någon idé att tala med någon annan.

När jag började sommarjobba kom nästa konflikt. Mamma och Britta hade kommit fram till att jag skulle betala hyra då jag nu tjänade pengar och bodde hemma. Jag var inte positiv till förslaget då jag hade trott att jag skulle få behålla de 40 kr i timmen jag tjänat på att klippa gräs åt kommunen. Jag fick ge efter och började betala hyra till mamma då jag skulle fylla 15 år. Summan skulle täcka vad jag kostade i mat, el och telefon mm. Jag blev riktigt ledsen då jag inte fick behålla hela summan jag skrapat ihop under sommaren. Mamma säger idag att hon inte minns detta liksom en del annat som inte var så positivt.

Mormors bröder hade fått nys om den här historien och ordnade mig lite jobb i mormors hemby som gav mig en bra slant. Jag skyndade mig att spendera pengarna på en armbandsklocka av märket *Citizen* och några tv-spel. I mormors hemby hade de framfört önskemålet att jag inte skulle köpa "Donkey Toys" för pengarna, men det gjorde jag i alla fall. Det faktum att mamma ville ha ut hyra av mig hade att göra med att vi hade det snålt. Mamma har i stort sett alltid levt på bidrag. Det i kombination med hennes förmåga

60

att impulsköpa gjorde att det ofta var skralt i kassan. Jag förstod tidigt att jag inte skulle besvära med önskemål om att följa på klassresor eller liknande. Jag hade alltid kläder men det var alltid av billigaste möjliga slag. Sådana utgifter kom jag att få stå mer och mer för själv då jag blev äldre. Mamma fick också utöver sjukpensionen, bostadsbidraget, barnbidraget och en barnpension på lite drygt 4 000 kronor varje månad då pappa inte var i livet och kunde betala något underhåll. Den summan hade gått till henne hela min uppväxt även de nio år jag inte bodde hos henne. Pengar var alltid ett bekymmer, men det fanns alltid pengar till sådant mamma ville ha på Myrorna. Mamma hade förmågan att spendera pengar på sådant hon inte behövde och sedan stolt konstatera att hon sparat pengar i och med att det hon köpt var så billigt. Ofta kunde det vara möbler och småprylar som vi inte hade någon som helst användning för. I vissa fall storköpte hon dock sådant vi behövde också. En hel del nödvändigheter köptes på lågprisbutiker såsom *ÖoB* och liknande. Problemet var bara att den bristande impulskontrollen gjorde att pengarna sällan räckte till allt som behövdes och då sökte hon hjälp hos socialkontoret, lånade pengar av släktingar, inte minst mormor. Ibland lånade hon också pengar från pappas livförsäkringskonto. Problemet var att återstoden av de pengarna länge låg i fonder. Då hon tog ut pengar till något ledde det till att de skulle skattas för de sålda fonderna. Det innebar en ordentlig restskatt för mig ett par gånger och mamma hade inga planer att stå för skatten. Det skulle jag minsann betala för det var ju mina fonder. Att restskatten berodde på att hon plockat ut pengar från fonderna visste jag inte då. Hon sa bara att om hon lånade pengar, så skulle det ha varit från räntan på pengarna. Det stämde ju givetvis inte. Då hon hade behövt pengar hade hon helt enkelt sålt fonder och använt pengarna till vad hon behövde och när det skulle skattas för de sålda fonderna fick jag stå för det kalaset. Mamma försökte ibland att betala igen delar av summorna som använts genom åren, men det gick trögt. Det blev dock mer minus än plus på kontot i slutändan.

Under de här åren kände jag mig utnyttjad. Jag upplevde det som att folk utanför hemmet bara såg allt som var positivt runt mamma. Hennes höga och unika skratt, glädje omsorg och värme. Hon ställde ofta upp och hjälpte folk med skjuts eller donerade möbler till flyktingar. Folk visste att mamma ibland var nedstämd och ibland inte orkade så mycket. Ingen såg hur nära det var mellan hennes toppar och dalar i humöret hemma, eller hur dessa yttrade sig. Till viss del visste de att mamma led av ångest ibland och att hon kunde vara deprimerad. Få, för att säga ingen, kände till hennes snabba humörsvängningar och förmåga att hantera motgångar eller konflikter med gråt eller ilska. Kasten i hennes humör gjorde också att hon i ena stunden sa att man var en ängel för att i nästa vara den värsta människan på jorden. Mamma hanterade i regel motgångar med att hitta externa orsaker till varför det ena eller andra inte blev som hon ville. Vid köksbordet kunde bekanta som ställde upp på henne beskrivas som bäst i världen, men om de någon gång inte kunde vara till hjälp var de skitar av värsta slag. På samma vis var det med mig. Mamma kunde vara stolt över mig, vara omsorgsfull och säga att jag var det bästa i hennes tillvaro. Problemet var att jag snart lärde mig att inte ta åt mig då hon var snäll för då gjorde det mindre ont när den oundvikliga vändningen skulle komma och man var den uslaste på jorden igen. Att inte ta åt mig då mamma var positivt inställd till mig blev ett sätt att överleva då hon senare tog till gråten eller brusade upp. Mamma var för det mesta rent av trevlig och rar. Det svåra var att växlingarna under hennes skakiga perioder gick så fort mellan att man var älskad eller hatad. Att ingen utomstående såg gjorde att jag kände mig hemskt isolerad trots att det fanns vänner runt mig.

Under tonåren gjorde det mig mycket ont att jag kände till så lite om pappa och att han dog så ung. Jag funderade ofta på hur mitt liv hade varit om jag hade växt upp med honom istället. Jag började bli mer och mer fokuserad på allt i min omgivning som var negativt och allt negativt som hade hänt tidigare. Det blev en nedåtgående spiral som ledde till att jag tyckte extremt synd om mig själv. Givetvis fanns det folk som brydde sig om mig och sådant som var bra men jag kunde bara se skuggan från allt som var tungt. Jag hade svårt att sova och hade ofta en knut av oro i magen.

De stunder den knuten släppte var då jag var på kyrkan, hade kompisar hemma eller då jag åkte med den av mina morbröder som fortfarande bodde hemma till mormors hemby. Ett tag följde jag med honom nästan varje helg. Det var riktigt befriande att få åka iväg och bara göra det som föll en in. Jag brukade även passa på att prata med Stig om det hade varit något besvär hemma. Han var bra på att lyssna och han förde aldrig vidare något jag sa. Det var tryggt och värdefullt. Förutom Stig så har det mestadels varit Emma som jag kunnat prata med om sådant som varit jobbigt. Hon hade ju själv varit med och sett en del av det. Ibland tog jag upp en del med mormor också men det var svårt. Hon ville gärna tro det bästa om sin dotter och ursäktade det mesta mamma gjorde med att hon var sjuk och inte kunde lastas för de gånger det blev fel. Det var i och för sig ett argument jag för det mesta kunde köpa. Det var också tydligt att det var ett mycket smärtsamt ämne för mormor, så jag lät det för det mesta vara. Trots de positiva bitarna i tillvaron kom jag till en punkt då jag nådde känslomässig botten. Jag tyckte att livet var mer besvärligt än det var värt. Jag bestämde mig en sommar för att det var dags att kasta in handduken och ta livet av mig. Jag hade planerat tid, plats och metod. Efter att jag hade bestämt mig för det blev tillvaron betydligt lättare,

65

för jag visste att jag inte behövde dras med tillvaron så mycket längre.

Gud som jag hade trott på sedan jag var barn hade jag blivit bitter på och förskjutit. Jag tyckte att all smärta och sorg som fanns i mitt liv inte kunde ha tillåtits av en god Gud. Gud hade inte gjort mamma frisk från sin psykiska sjukdom, till på köpet hade han låtit pappa dö så tidigt och inte hade han hjälpt mig ur min situation. Min slutsats var att Gud antingen inte fanns eller så brydde han sig inte om mig. Allt kändes för mycket för mig att bära och för hopplöst för att orka streta vidare. Jag såg ingen möjlighet till att tillvaron skulle bli bättre. Jag hade försökt hitta tröst i några tonårsförälskelser, men de gjorde snarare tillvaron mer komplicerad än lättare.

När tiden för min planerade sorti från jordelivet närmade sig ringde mormor upp mig. Hon visste inte hur illa ställt det var med mig och det var inte därför hon ringde. Hon hörde av sig för att Lapplandsveckan närmade sig och hon undrade om jag kunde följa med och skjutsa henne mellan husvagnen och de möten hon ville gå på. Lapplandsveckan är en konferens som går av stapeln varje sommar i Husbondliden utanför Lycksele. Konferensen drivs av Pingströrelsen och består av en veckas tältmöten och den brukar dra rejält med folk. Veckan består av en första helg som mer riktar sig till ungdomar och därefter en vecka med möten som riktar sig till alla grupper. Liksom de flesta som växt upp inom pingströrelsen i Norrland så hade jag varit på "Lappis" de flesta somrar sedan barnsben och jag har många positiva minnen därifrån. Då mormor ringde och ville att jag skulle följa med tackade jag ja och tänkte att jag kunde skjuta mina planer på framtiden. Jag, mormor och Emma var på plats redan under ungdomshelgen. Jag traskade in på mötena utan några tankar på att jag skulle få höra något som var av betydelse. Döm om min förvåning då predikanten öppenhjärtigt började berätta om hur han haft det svårt som barn och hur Gud hade blivit den kraft som bevarade och bar honom igenom. Samma predikant talade på flera möten under helgen. För varje möte jag gick på så tinade jag upp lite mer. Min bild av Gud började förändras. Från att ha sett Gud som den som tillåtit allt lidande i mitt liv, började jag se Gud som den som identifierar sig med den svage och utstötte. Den som värnar om den faderlöse och lider med den som lider. Gud var inte längre den ointresserade och avlägsne utan den fullständigt närvarande Jesus som tar på sig all värdens synd och trasighet och bär det på korset. I takt med förändringen av min bild av Gud så blev jag mer intresserad av att ha Gud som den centrala delen i min tillvaro. Jag som kände mig så värdelös och trasig var alltså så älskad av Jesus att han dog för min skull. Allt detta hade jag ju hört förut men nu blev det en personlig upplevelse och övertygelse. Jag trodde trots hur jag känt mig bara veckor tidigare nu på en Gud som älskade världen så mycket att han dog för den. I varje gudstjänst under helgen gavs tillfälle att gå fram och få förbön. Jag ville gå fram redan tidigt under helgen men jag tog mig inte upp ur bänken. När helgen började närma sig slutet insåg jag att jag var tvungen att ta mig upp ur bänken om jag skulle få någon förbön den sommaren. Då tillfället kom tänkte jag att jag skulle räkna till tre och sedan gå fram. Jag räknade till tre, 10, 15, 20 och så vidare... Tillslut bestämde jag mig för att bara resa mig upp och gå fram. Av någon anledning tog det emot, men jag tog mig fram till slut. Väl framme för förbön ville jag lämna mitt liv i Guds händer. Jag tänkte att Gud får göra vad han vill med mitt liv men jag har inte tänkt gråta mera. Det var mitt enda krav. Ingen mer gråt. Jag blev stående där en stund och inget hände. Jag kände inte ett smack, det var bara tomt. Då bad jag att Gud skulle komma in i mitt liv och han fick göra vad han ville med mig. Jag släppte mitt krav på att inte gråta. Då brast allt. Jag grät. Tårarna ville liksom inte ta slut. Men det var inte sorg jag kände utan lättnad. Skuggan av sorg och bitterhet gav vika för en upplevelse av Guds kärlek som jag aldrig känt varken förr eller senare. Den kvällen utgjorde en vändpunkt i mitt liv.

Man brukar ibland säga att Jesus bara är en krycka som svaga och korkade människor tar till. I mitt fall utgjorde Gud det stöd som höll mig uppe då mina egna ben inte bar. Efter den här händelsen så ändrades mitt fokus en hel del. Min situation var inte förändrad men jag kunde börja lyfta blicken och se ljus i tillvaron. Jag kände också att mitt liv fick en annan innebörd och jag kände att jag hade något att ge. Jag lät döpa mig så fort som möjligt i pingstkyrkan hemma i Spannliden. I och med dopet fick jag begrava allt gammalt och börja på ny kula. Gud blev min trygghet och den jag talade med i min ensamhet. Jag började engagera mig mer i den lokala pingstkyrkan och jag var glad att jag fick uppgifter och gemenskap. Allt detta stärkte mig och jag hade hittat något som för vissa bara framstår som ett halmstrå för den desperata. I mitt fall var det ett strå av nåd som gav livet som jag tyckte var så meningslöst både riktning och mening. Det öppnade också mina ögon för en framtid.

I samband med den här perioden kom jag fram till att jag ville lägga tid och energi på att berätta de goda nyheterna om Jesus för så många som möjligt. Då jag var 16 år gammal hade jag redan kommit fram till att jag ville jobba i en församling eller något liknande då jag blev äldre. När jag började på gymnasiet samlade vi ihop ett gäng kristna på skolan och startade en kristen skolgrupp som träffades och bad någon gång i veckan. Jag drog också med hjälp av vänner igång en hemsida vars syfte var att berätta om Jesus. Sidan utvecklades och blev till slut en mötesplats där alla tänkbara människor kunde dela med sig av funderingar kring livsfrågor och tro. Jag hade hittat min uppgift. Allt i tillvaron hade givetvis inte löst sig. Tack vare min ökade närvaro i kristna sammanhang fick jag många och goda vänner, men mamma levde fortfarande i en känslomässig berg och dalbana och jag bodde fortfarande hemma.

I samband med en serie möten om helande i pingstkyrkan vi tillhörde blev mamma övertygad om att hon hade blivit helad. Då hon var säker på att hon blivit helad slutade hon med sina mediciner. Det var inte lyckat. Till en början gick allting bra, men ganska snart kraschade hon psykiskt. Hon blev betydligt sämre på kort tid. Att hon slutade med medicinen ledde till en del bekymmer men då hon börjat med dem igen planade hon ut igen.

Det är värt att betona att det inte alltid var stökigt med mammas humör. Det har varit bra i perioder och svårare i perioder. Då jag började gymnasiet så fick jag ett busskort för att kunna åka mellan Spannliden och skolan i Glimtnäs. Det gav mig mer rörelsefrihet och jag kunde vara i Glimtnäs om jag kände för det. Det betydde också att jag var borta lite mer och det ledde till en minskad friktion mellan mig och mamma. Gymnasiet var över lag en rätt bra period.

Det fanns dock en del orosmoln. Jag hade haft en knöl på bröstkorgen i tre år som jag inte vågat ta upp med någon. Dels var jag själv rädd för vad det kunde vara och dels hände en hel del i familjen som gjorde att jag inte ville oroa de andra. Morfar hade fått problem med hjärtat och blivit opererad med bypass och hela den processen gjorde att vi alla kände oro för hur det skulle gå med honom. Han repade sig rätt snabbt efter operationen vilket gladde oss alla. Vi hade nog allihopa varit rädda för att förlora honom.

Bara tre månader efter operationen åkte morfar och jag till fjälls. Vi blev flugna till en fjällsjö där vi fiskade en vecka. Nu var det här inte så exotiskt som man skulle kunna tro. Morfars yngsta syster hade gift sig med en same som hade en del stugor på fjället och helikopter. Morfar hade genom åren hjälpt till med en del underhåll av stugorna och fiskat en del åt stugägaren. Den här resan var dock inte för att guida turister eller att arbeta med annat. Den vara bara till för rekreation. Meningen var att morfar skulle vila och ta igen sig. Det är en konst som han alltid haft svårt för. Det var meningen att vi skulle hålla oss vid sjön Vejram som vi blivit avsläppta vid. Morfar hade givetvis inte ro att bara hålla sig där. Det dröjde inte länge förrän han började snegla upp mot en av topparna vid sidan av sjön. Han förklarade att det låg en sjö uppe på den höjden som var suverän att ro långdrag i. Han var dessutom säker på att det fanns en båt där uppe. Jag tänkte att det skulle bli tungt om något hände med honom där uppe då det inte direkt går att ringa efter hjälp. De funderingarna höll jag för mig själv och så började vi spatsera upp mot Bjetjen. Halvvägs upp försökte jag försiktigt nota i om vi inte skulle vila en stund. Morfar förstod inte att det var honom jag tänkte på och sa därför: "Är du redan trött pojk?". Vi tog oss upp till Bjetjen och tillbaka till Vejram utan bekymmer. Veckan kom att bli ett ljust minne för oss båda.

När saker på hösten hade lugnat sig och mamma hade en relativt bra period tog jag upp knölen jag oroade mig över med mamma, morfars och farfar. Jag tog även upp det med mina kompisar på kyrkan och de bad för mig. Jag undersöktes på sjukhuset i Umeå. Där tog de en biopsi och gjorde lite undersökningar. Jag fick veta att det förmodligen inte var någon fara, men att de skulle operera bort knölen för säkerhets skull. Två veckor senare blev jag opererad och jag fick sedan veta att det inte var någon fara på taket. Knölen var ofarlig och visade sig vara betydligt mindre än vad det först hade verkat vara. Bönesvar?

Vid det här laget hade farfar tagit upp kontakten igen. Det var också han som följde mig till sjukhuset första gången. Han hade också hunnit hitta sig en ny kvinna. Hon kom att bli en rätt destruktiv kraft i hans tillvaro, men till en början var hon till en hel del hjälp. Hon hjälpte bland annat mig att få tag på överförmyndarnas dokument rörande alla affärer som gjordes i mitt namn då jag var barn. Det gav mig en klarare bild över vad som egentligen hade skett. Farfar och hans nya kvinna kom att vara relativt väl inkopplade i mitt liv resten av gymnasiet.

Nya vänner

Under gymnasiet träffade jag två betydelsefulla vänner som jag fortfarande har kontakt med. Båda dessa vänner hade liten eller ingen anknytning till min mamma så det gick bra att tala om för dem att hon inte alltid mådde så bra och att det kunde vara trassligt ibland. Även vännerna i Spannliden hade vid det här läget lite koll på att min mamma inte alltid mådde så bra, men mer än så visste de nog inte. De nya vännerna som inte var från Spannliden kunde jag vara mer öppen med då det inte fanns någon risk att något jag sa skulle komma tillbaka till min mamma.

En lärde jag känna via den kristna skolgruppen och en via Glimtnäs ungdomsråd som drogs igång av en gemensam bekant. Joel som jag lärde känna på skolan var en perfekt kompis för min situation. Han hade inga problem med att komma och hälsa på i Spannliden hela helger vilket föll mig i smaken då det innebar en lugn och glad mamma. Dessutom kände han mina andra vänner i Spannliden så vi hade mycket roligt ihop som grupp. Joel var lättpratad och vi hade en hel del gemensamt att prata om. En helg med Joel på besök brukade innebära sena kvällar fyllda med promenader, varma mackor, film och stora mängder kaffe, som då livet är som bäst med andra ord. Att göra smörgåsar i smörgåsgrill blev nästan en konstform. Vi länsade mammas kylskåp på allt som kunde funka mellan två bitar fralla. Den perfekta mixen visade sig vara hushållsost, skinka några bitar paprika och en dutt sweet-chilisås. Dessa smörgåsar mer eller mindre massproducerades. Jag föredrog att äta dem varma och det gjorde nog Joel också, men det hände att han åt en kallnad från tidigare under helgen som frukost. Joel hade dessutom en förmåga att snappa upp allt folk i hans omgivning gjorde och sa som var omedvetet roligt. Jag var inget undantag. En kväll stod vi och gjorde chokladbollar i mammas kök. Det kanske inte låter så roligt. Men när katten Smulan hoppade upp på bordet där vi höll på att rulla bakverken i kokos gjorde jag misstaget att öppna munnen. "Ner med dig Smulan, vi vill inte ha håriga ne***bollar." Joel vek sig dubbel av skratt och jag fattade först ingenting, men snart hade tonårshjärnan kopplat vad som var så roligt och vi skrattade båda en hel del åt mitt osmidiga uttalande. Jag hade glömt det hela tills Joel nyligen påminde mig om historien. Han var en kompis som inte nödvändigtvis såg allt från samma horisont som mig. Det var intressant och kul att få stånga sina idéer mot någon som inte delar dem fullt ut. Den fnurra som tyvärr uppstod mellan oss var att vi båda tyckte oss vara genomtänkta figurer och då vi hittade frågor som vi inte kom överens om kunde vi inte låta bli att diskutera. Jag var dock inte så ödmjuk att jag kunde se på saker från hans vinkel lika väl som min egen. Det gjorde att de från början spännande samtalen blev till trätoämnen. Från den fadäsen lärde jag mig en del inför framtiden, även om jag fortfarande kan hålla mina ställningar i en diskussion väl hårt. Tyvärr blev det så mycket diskussioner att det blev mer diskussioner än något annat och vi slutade då att umgås. Men den kontakten kom senare att återknytas och visa sig mycket värdefull.

Den andra vännen var Jonas "CD" Carlsson. Våra vägar korsades via Glimtnäs ungdomsråd. Om det blev något av ungdomsrådet vet jag inte, men jag och Jonas blev snabbt riktigt goda vänner. Här hade jag en vän som själv inte alltid mådde så bra och var helt öppen med detta. Det gjorde i sin tur att jag kunde känna mig trygg med att berätta det mesta för honom. Allt från vardagens små och stora bekymmer till de djupare frågorna i livet. Jonas "CD" Carlsson var rätt mycket och hälsade på då jag var hos morfars i Glimtnäs. Han blev som en i familjen och har till och med varit med några gånger då vi firat jul där. Han var inte kristen men kom att engagera sig enormt i hemsidan som jag startat tidigare. Hans hjälp var ovärderlig. Sidan fick ett sällan skådat grafiskt lyft tack vare honom och det var oerhört värdefullt att ha någon att bolla med. Vi umgicks i stort sett hela tiden. Det var inte ovanligt att vi spelade tv-spel i morfars källare och pratade till långt in på nätterna. Vi hade riktigt kul ihop och det var skönt att ha en kompis som var så lätt att ha roligt med.

Lämnar boet

Då jag fyllt 18 år flyttade jag rätt omgående från rummet hos mamma till morfars. Där bodde jag tills jag började på folkhögskola och även ett halvår efter det att folkhögskoleåret var över.

När jag skulle flytta från mamma var jag rädd för att det skulle bli besvärligt. Jag hade med mig Emma för att det skulle vara tryggare om vi var två. Till min förvåning satt mamma bara i köket utan att göra den minsta känsloyttring. I samband med att jag blev myndig fick jag ta över kontot som pappas livförsäkring legat på. Där var det bara en mycket liten summa kvar. Summan räckte inte ens till att betala restskatten. Jag lyckades dock ordna så att barnpensionen skulle betalas ut till mig det sista året som den betalades ut. Det innebar att jag i ungefär ett års tid hade mer pengar att röra mig med än någonsin tidigare. Jag sparade en del för att ha till kostnaden för att kunna gå på folkhögskola efter gymnasiet och resten slösade jag en hel del med. Det var skönt att skämma bort sig själv lite. En xbox som jag tidigare aldrig haft råd att ens drömma om blev ett av de första inköpen. Det var befriande att inte känna sig luspank.

Min mamma och jag har inte haft så där enormt mycket kontakt efter att jag flyttade ut. Vi träffas ibland hemma hos morfar och mormor och mamma har hälsat på hemma hos mig tre gånger på ungefär nio år. Jag har besökt henne lite oftare än så, men inte mycket. Vår relation har dock fungerat bättre ju mindre vi haft med varandra att göra. Från och med att jag började gymnasiet blev konflikterna hemma färre och sedan jag flyttade hemifrån har vi i stort sett inte haft någon dust alls.

Däremot kom en för mig oväntad känslomässig reaktion efter att jag flyttat hemifrån. Då mamma visade tecken på att bli arg eller höjde rösten så fick jag genast en stor obehaglig knut i magen och jag registrerade blixtsnabbt var utgångarna ur rummet fanns. Ville hon driva igenom något och det inte fanns någon annan i närheten så var det bäst att ge efter. Om hon skällde på mig var det lugnast att vara helt tyst och inte ta ögonkontakt. Jag märkte att jag fick samma klump av obehag i magen och undfallande beteende då andra kvinnor i omgivningen höjde rösten eller visade missnöje med mig. Givetvis hade ju dessa kvinnor andra spärrar än mamma och det fanns ju ingen anledning att bli rädd för dem. Jag var nog inte rädd för dem heller men obehagsreaktionen satt i ryggraden. Detta kom att bli mer besvärligt de första åren efter att jag flyttat hemifrån. Att lämna boet blev startskottet för en lång process av att ta hand om de känslor och de upplevelser som jag bara lagt locket på i flera år.

När gymnasiet började närma sig sitt slut så sökte mina kompisar från Spannliden till en ny bibelskola i Märsta. Jag var till en början också på väg att söka dit. Jag bad över det, men det kändes aldrig helt rätt för min del. På pingstkyrkan i Spannliden fanns en folder med information om och ansökningshandlingar till bibellinjen på Dalkarlså folkhögskola. Det låg nära och det var en folkhögskola med mer än bara en bibellinje. Jag sökte och kom in. Frågan var bara hur jag skulle ha råd med boendet på skolan. Farmor erbjöd sig generöst att betala den summa som saknades varje månad under året. Jag tackade och tog emot. Utan hennes bidrag hade jag inte haft råd med boendet. Efter

jag gick ut gymnasiet jobbade jag på samma
äldreboende där jag hade sommarjobbat och extraknäckt
tidigare.

Dalkarlså, en helt ny värld

När sommaren tog slut var det dags att flytta in i en av korridorerna på Dalkarlså. Morfar och Emma skjutsade mig och en del tillhörigheter hela vägen till huset jag skulle bo i. Först visste vi bara inte vilket hus det var vi skulle till. Vi frågade en skäggprydd herre, som var i färd med att bära sin dotters cykel, om han visste vart huset som hette "Lönnen" var. Han talade hjälpsamt om vart vi skulle och så hade vi hittat fram till mitt första egna boende. Det var ett litet rum som jag kunde sköta om precis som jag själv ville. Det var ingen som talade om för mig hur saker skulle vara eller göras. Det var underbart. Frihet helt enkelt. Emma som mycket väl vet att alla växter jag tar hand om tenderar att dö gav mig en riktigt seg växt att ha i fönstret. Trots min totala vanvård av den stackars växten kom den att överleva ett antal år efter folkhögskoleåret. Nu var jag på plats. Sakerna var instuvade i rummet och morfar och Emma hade åkt. Jag hade ett eget krypin och jag kände att livet hade tagit ett stort kliv framåt. Dels var det roligt att få ägna ett år åt att bekanta sig mer med bibeln, dels var det spännande att lära känna helt nytt folk och komma bort från mycket av det som varit. Mamma hälsade på mig på skolan rätt tidigt och döm om min stora förvåning då hon gav mig en ny TV utan förvarning. Under året på Dalkarlså eller "Dallas" som det också är känt som var det mycket som hände. Jag slappnade av, kände mig trygg och jag kunde lyfta på locket och sakta öppna många ventiler som hade varit stängda i åratal. Detta gjorde mig i omgångar till en gråtmild gelatinhög. Tack och lov hade omgivningen tålamod.

På Dalkarlså mötte jag också en makalös tjej. Det var en glad tjej med blå slingor i håret. Jag la märke till henne redan första kvällen på skolan. Hon hette Elin och var dottern till den skäggprydde herren som dirigerat oss till rätt hus. När jag pratade med henne första gången stod hon i en grupp som uppenbarligen var elever på textillinjen. Då drog jag slutsatsen att jag nog inte skulle se så mycket av henne. Senare i matsalen hamnade vi bredvid varandra av någon anledning. Det visade sig då att hon, trots de färgglada slingorna, inte skulle gå textil. Hon skulle gå bibellinjen. Jag reagerade med att glatt konstatera att det skulle jag också och att vi med andra ord skulle se en hel del mer av varandra under året. Som upptakt till läsåret skulle skolans alla elever gå på en vandring och sedan övernatta i militärtält. Under vandringen fick jag tillfälle att lära känna en hel del folk. Jag gick i en grupp och surrade då jag noterade att Elin gick ensam i blåbärsriset en bit bakom oss. Jag stannade upp och lät gruppen gå vidare utan mig. Jag gjorde sällskap med Elin resten av promenaden och kvällen. Jag vet inte riktigt vad det var, men jag trivdes helt enkelt i hennes sällskap. På bussen hem från vandringen satt jag bredvid henne och förmodligen var det där någonstans som tanken på att hon nog kunde bli antingen en god vän eller kanske något mer dök upp. Vi umgicks så fort vi hade några lediga minuter. På något vis var hon alltid där jag var.

En helg då Elin hade åkt hem till sina föräldrar i Varuträsk och jag hade lite att göra började jag grunna på om det inte hade varit trevligt att ta bussen till Umeå och se på bio nästkommande kväll. Jag grunnade på vem jag kunde höra med om att göra mig sällskap. Min första tanke var Elin. Jag knappade snabbt ihop ett sms. När jag skulle till att skicka det slog det mig att det kunde tas som en dejt! Oj, fjärilar i magen. Tummen sviktade på send-knappen. Ska jag? Ska jag inte? Tänk om hon tycker jag är för klängig och säger nej. Tänk om hon tror att jag är intresserad. Jag är nog intresserad av henne. Tänk om hon inte är intresserad av mig? Medan jag funderade råkade jag trycka lite för hårt på knappen som startat hela tankesnurran. "Sending... Sent". PANIK! Oj, oj. Vad har jag nu gjort? Hon kommer att bli fundersam och tacka nej. Varför skulle hon vilja gå på bio med mig? Ett antal evighetslånga minuter gick. Det var rejält pirrigt. Mobilen vibrerade till och i inkorgen fanns ett sms från Elin. Där stod kort och gott "Gärna". Nu blev jag om möjligt ännu mer pirrig men också riktigt glad. Tänk om hon gillar mig? Då dagen och tiden för Umeåtrippen hade kommit började jag promenera mot busshållplatsen. Bakom mig hörde jag rasslet av en cykel. Jag vände mig om och där var hon med ett brett leende på läpparna. Vi följdes åt till hållplatsen och klev på bussen. Jag var riktigt nervös men gjorde vad jag kunde för att det inte skulle märkas. Då vi kom fram till Umeå gick vi först till "Classes" där jag hade spanat in ett par högtalare till datorn. Därefter tog vi en promenad och tittade på tjusiga byggnader i väntan på att biografen skulle öppna. Det var höst och skymning. Stan var vacker. Vi hamnade en stund nere vid älven. Alltihop var riktigt fint. Jag tänkte att det var som hämtat ur en sliskigt rar amerikansk film av romantiskt slag. Klockan gick och biografen öppnade. Vi gick in och valde film. Då vi väl landade i salongen visade det sig vara tidernas sämsta film. Det gjorde ingenting. Jag var långt mer fokuserad på hur nära Elin satt än på filmens handling. Trots den usla filmen så var det en grymt lyckad kväll.

Någon dag senare cyklade vi från skolan ner till havet. När vi väl var framme frös Elin lite så hon fick låna min jacka. Sedan satt vi där på en sten vid vattnet och bara småpratade. Det hela var nästan oroväckande romantiskt. När ytterligare någon dag hade gått hade vi promenerat från Dalkarså till Bygdeå för att äta på hamburgerrestaurangen Frasses. Då vi skulle promenera hem kände jag att jag behövde ta reda på om hon kände likadant för mig som jag gjorde för henne. Jag vågade inte säga något rakt ut men jag kom på ett listigt sätt att ta reda på om hon kanske kände något för mig. Jag tänkte att om jag tog hennes hand medan vi gick och hon sedan släppte den var hon så här trevlig bara för att hon ville vara en kompis. Men om hon höll kvar den kanske det kunde röra sig om något mer. Då jag samlat mod en stund tog jag hennes hand och väntade mig att hon genast skulle släppa den eller undra vad jag höll på med. Till min förvåning släppte hon inte min hand. Hon höll kvar den rätt länge. Nu snurrade hjulen ordentligt. Vad betyder det här. Kan hon verkligen vara intresserad?

Senare bestämde vi oss för att se en film igen. Den här gången blev det *Tillbaka till framtiden* uppspelad på datorn i mitt rum. Det var som sagt ett litet rum så vi fick sitta på min säng. Efter en stund blev det obekvämt att sitta med ryggen mot väggen så vi tog min huvudkudde och använde den som ett delat ryggstöd. Innan kvällen den 27 augusti 2003 var över hade någon av oss kysst den andre. Vi vet inte riktigt vem av oss det var som var snabbast men från den dagen var vi ett par.

Elin kunde kanske vara giftasmaterial. Det blev snart dags att följa med till Varuträsk och träffa Elins familj. Svärfar kom jag på god fot med på en gång.

Svärmor var lite mer avvaktande till en början, men det gav sig med tiden. Jag märkte snabbt att det här var en familj som var mycket annorlunda jämfört med de förhållanden som varit med min mamma. Elins föräldrar ställde upp på allt deras två döttrar företog sig. De skjutsade både hit och dit. Höll dem med allt vad de behövde och var genuint intresserade av vad som försiggick i barnens liv. Det visade sig även i fortsättningen att Elins föräldrar var av slaget som alltid ställer upp. Ofta backade de upp döttrarna utan att någon behövde tillfråga dem och om Elin eller hennes syster bad om föräldrarnas hjälp gjordes det utan några som helst förväntningar på att bli nekade något. Om jag ska vara helt ärlig retade detta mig rätt mycket till en början. Jag blev helt enkelt lite avundsjuk. Ett tydligt exempel var när jag blev introducerad till konceptet "Julafton" i Elins familj. Mängden julklappar under granen fick mig att tappa hakan. Det var förmodligen ungefär likadant som i de flesta familjer, men för mig var det obegripligt många paket. Alla innehöll förstås inte dyrgripar men det var i vilket fall långt bortom något jag varit med om tidigare. Det här var en familj som åkte utomlands på semester och som hade en bil som inte var lastgammal. Själv hade jag vid den här tiden inte varit längre utomlands än till Norge. Jag kände mig lite som flickan med svavelstickorna. Här ska understrykas att jag aldrig upplevde mig som en fattig unge då jag bodde hos mormor och morfar. Vi åkte aldrig utomlands eller så, men så länge jag bodde hos dem upplevde jag inte att jag saknade något. Jag hade precis lika mycket som kompisarna och morfars var lika engagerade i mig som sina egna barn. Den stora kontrasten var inte mellan Elins engagerade föräldrar och mina morföräldrar utan mellan min mamma och Elins föräldrar. Om det någonsin var något bekymmer med Elins föräldrar var det att de engagerade sig mer än nödvändigt. Kontrasten mot min uppväxt hos mamma blev mycket tydlig och det gjorde lite ont. Kanske var det inte så konstigt att jag blev lite avundsjuk på att Elin och hennes syster fick ett överflöd av uppmärksamhet av sina föräldrar medan min mamma på sin höjd ringde mig någon gång per år. Samtidigt var jag glad att jag blev välkomnad som en ny medlem i deras familj. Elins mormor kom också att visa sig vara riktigt värdefull.

90

Hon hade också växt upp utan en pappa och under skralare ekonomiska förutsättningar än de flesta. Jag fick fort ett mycket stort förtroende för henne och jag har än idag stort utbyte av våra besök hos henne.

Hej mamma, det här är Elin

Det var ju bara det där att introducera Elin för mamma utan att skrämma iväg henne. Jag berättade lite försiktigt om mamma till en början för att se hur Elin skulle ta det. Det tycktes gå bra, om än jag inte tror att hon i början riktigt förstod. I januari 2004, efter en termin på bibelskolan, bestämde vi oss för att hälsa på hemma hos mamma över en helg. Vi skulle övernatta och sedan låna hennes bil för att köra ner till Paradisbadet i Örnsköldsvik. Elin och mamma fungerade bra ihop och allt var lugnt. Då vi hade sovit över en natt lånade vi mammas bil och åkte iväg mot badet. Det blev en riktigt trevlig dag. När det blivit kväll satte vi oss i bilen trötta och glada. Men resan hem gick inte riktigt som planerat. Bilens motor skar halvvägs tillbaka till Spannliden. Vi fick hjälp av några förbipasserande att ta oss av vägen. Vi ringde efter hjälp att ta oss hem och mammas kille skulle bogsera oss till Spannliden. Vi fick sitta i bilen bra länge och vänta. Det var kallt och mörkt men vi var för kära och glada för att det skulle störa oss. Innan vi tog oss därifrån hade vi bestämt oss för att vi nog borde förlova oss. Man hade ju kunnat tänka sig att mamma skulle bli arg över den trasiga bilen, men hon lyfte inte ett ögonbryn. Då vi berättade vad vi hade bestämt oss för i bilen reagerade hon med att bli glad och önska oss lycka till. Den 27 februari förlovade vi oss utanför stadskyrkan i Umeå. Året på folkhögskolan var riktigt bra för mig och blev på många sätt en nystart på livet.

Under året skedde dock något tragiskt. Farfars nya flamma hade börjat bli avundsjuk på att han umgicks med andra än henne. Det ledde till att hon konstant klagade och skällde på farfars alla barn och barnbarn. Farfar kunde i tid och otid ringa upp mig och skrika och skälla på mig utifrån någon orsak som hans kvinna diktat ihop. Jag tror att min faster fick ta den största smällen. Det tragiska var att farfar hela tiden tog sin partners parti istället för sina barn och barnbarns. Det lämnade stora sår i familjen för många år framöver. En kväll då jag satt och pratade med vänner på Dalkarlså ringde farfar upp och var mycket upprörd. I bakgrunden kunde jag tydligt höra hans flamma tala om vad han skulle säga.

Efter en lång harang om hur jag och de andra försökte förstöra för honom och hans partner avslutade han med att säga att vi inte skulle ha mer med varandra att göra. Därmed var kontakten bruten. Jag blev chockad och mycket ledsen. Jag hade ju inte fått möjligheten att lära känna min pappa. Därför var det viktigt för mig att hålla trådar till hans sida släkten vid liv för att ha någon koppling till honom. Det här betydde ju att ytterligare en av de få kopplingarna till min pappa var borta.

Livet efter folkhögskolan

När året på Dalkarlså tog slut uppstod frågan hur jag och Elin skulle kunna bo närmare varandra. Elins hemby Varuträsk låg utanför Skellefteå och därifrån är det rätt långt till Glimtnäs. Vi löste det till en början med att Elin hyrde en etta i Glimtnäs och jobbade på samma äldreboende som jag. Jag bodde kvar i källaren hos morfar och mormor. Efter ett antal månader var det tydligt att Elin inte trivdes vidare bra i Glimtnäs. Hon lärde inte känna några nya vänner och ville flytta åt Skellefteåhållet. Jag sökte därför ett jobb i Skellefteå och flyttade dit. Den första månaden bodde jag hos Elins föräldrar och därefter flyttade jag in i en liten etta på Brunnsgatan i Skellefteå. Strax efter att jag hade flyttat upp, flyttade Elin in hos sina föräldrar. Jag bodde i den lilla ettan och Elin bodde hos sina föräldrar tills vi hade skrapat ihop nog med pengar för att gifta oss.

En dag då jag var på jobbet ringde det i mobilen. Till min stora förvåning var det farfar som ringde. Han hade ju sagt upp all kontakt med mig några år tidigare. Han hade nu lämnat kvinnan han levt med de senaste

95

åren. Hon hade varit den drivande faktorn bakom att farfar skulle sluta träffa sina barn och barnbarn. Han hade ett stort behov av att prata av sig och jag lyssnade på honom. För min del kände jag mig fortfarande sviken då han valt en flamma framför sin egen släkt. Jag svalde den känslan så gott jag kunde och plockade upp kontakten med honom igen. Jag hade ju trots allt inte så många kontakter med pappas sida släkten så det var till att ta vara på det som erbjöds.

Den 27 augusti 2005 gifte jag och Elin oss i Skellefteå landskyrka och flyttade in i en tvåa på Anderstorp i Skellefteå. Till bröllopet hade vi bjudit in ordentligt med folk. Elin hade bjudit sina vänner och jag mina. Jag hade även bjudit pappas sida av familjen. Alla kom med undantag för min farbror som bor i USA. Det var en riktigt stor dag för både mig och Elin. Nu började vårt liv tillsammans på allvar. Pappa var ju inte där och det hade kunnat bli smärtsamt tydligt att det saknades en person vid honnörsbordet. Så blev inte fallet. Då det inte fanns någon far till brudgummen som kunde hålla något tal, gjorde morfar det i stället och det var väldigt rörande och mycket uppskattat från min sida. Mitt under festligheterna reste sig mamma upp för att hålla tal och jag blev helt stel. Jag tänkte: Vad kommer hon att säga? Kommer hon ta sig till något som kommer bli jobbigt för alla? Hon höll ett improviserat tal som inte var det minsta besvärligt och sedan satte hon sig ner.

Vi bodde i Skellefteå från 2005 till 2007. Under den tiden hann jag ha en hel del olika jobb. Allt från telefonsupport till att jobba som elevassistent. Elin hann med att gå konstlinjen på Solviks folkhögskola samt att spendera ett år som veterinärassistent hos distriktsveterinärerna. Både jag och Elin grunnade under den här tiden på vad vi skulle plugga till och jobba med. För Elin stod det mellan djursjukvårdare och lärare. För min del stod jag och vägde mellan polis eller församlingsarbetare. Jag fick en praktikplats på pingstkyrkan i Skellefteå och fick under ett halvår hjälpa till med församlingens ungdomsarbete. Det var riktigt givande och gav mig blodad tand.

Medan jag var bortrest som ledare på ett skidläger ringde min faster upp mig. Hon brukade aldrig ringa mig och det brukade för övrigt inte någon annan från pappas sida släkten heller göra, med undantag för farfar. Min faster ringde för att berätta att farmor hade fått cancer i bukspottkörteln och att det inte var många månader kvar. Så fort jag kom hem från lägret satte jag mig i bilen och åkte ner för att träffa farmor. Vi hade egentligen aldrig lärt känna varandra och nu var det ont om tid. Farmor hade gått i pension samma år. Hon hade jobbat som distriktsläkare och hade i och med det haft väldigt lite tid över till familj och annat. Tanken var nog att hon skulle ta tag i en del relationer då hon gått i pension. Trots cancern så var hon riktigt pigg efter omständigheterna. Men efter bara några månader försämrades hon fort. Jag hann besöka henne några gånger men det var inte tillräckligt med tid för att vi skulle hinna bli mer än bekanta med varandra. På begravning blev det riktigt uppenbart för mig hur dålig koll jag hade på pappas sida släkten. Jag hade tidigare i perioder försökt ringa och ordna så att vi skulle ses, då det sällan och aldrig blev någon respons på detta gav jag till slut upp. Det sved en hel del då jag insåg att möjligheten att knyta några band med farmor nu var förbi. Hennes sjukdom och död gjorde att jag hörde av släkten lite mer. Det avtog dock snabbt igen. Vi är tydligen en släkt som bara träffas vid begravningar och bodelningar.

Umeå

2007 blev det så att både jag och Elin kom in på varsin utbildning vid Umeå universitet. Vi hyrde en trea på Morkullevägen i Umeå som farfar hade hittat. Elin började plugga till förskollärare och jag började läsa på teologiprogrammet. Via universitetet fick vi båda en rad nya vänner. Jag trivdes som fisken i vattnet bland människorna i humanisthusets korridorer.

På programmet bildade vi en liten studiegrupp som vi kallade för vår konventikel. Konventikeln bestod av studenter från lite olika kristna sammanhang som alla hade som mål att arbeta i en kyrka av något slag. Konventikeln ledde till många intressanta samtal och gav mig goda vänner. Bland annat en vän som visade sig känna Joel sedan tidigare. Vad världen kan vara liten ibland. Någon gång emellanåt brukade vi också anordna teolog-lan. Det brukade innebära att ett en grupp teologistuderande träffades hos mig och Elin och spelade dataspel till sent på natten. Trots namnet på de här tillställningarna var det inte bara teologer som var med. Joel som jag umgicks mycket med på gymnasiet

100

hade flyttat till Umeå med sin fru. Vi tog snabbt upp kontakten och det var ett kärt återseende. Joel är den där typen av vän som släpper vad som helst för att komma och hjälpa dig ifall du behöver det. I ett krisläge är han fortfarande den förste jag ringer till. Joel var med på våra teolog-lan men han var inte den ende icketeologen på våra lan. Jonas CD Carlsson var också med för det mesta. Han hade flyttat till Umeå under året jag gick på Dalkarlså. Jonas hade alltid varit bra på att hälsa på mig då jag bodde i Skellefteå men det var kalas att vi nu bodde närmare varandra igen.

Jag trivdes riktigt bra med universitetsstudierna. Lärarna var riktigt bra och det var otroligt givande att få studera sådant som skulle vara till nytta i en församlingstjänst. Konventikeln gjorde också att det fanns gott om tillfällen att prata om litteraturen och vända och vrida på det vi fick lära oss vilket var riktigt nyttigt. Jag har fortfarande en tå kvar på universitetet då jag inte har gjort klart min kandidatuppsats och till på köpet behöver läsa in 15 högskolepoäng. Anledningen till detta kommer jag till senare.

Då vi hade flyttat till Umeå blev det så att jag såg till farfar var och varannan dag. Hyreshuset vi bodde i låg nämligen granne med hyreshuset farfar bodde i. Om farfar behövde hjälp med något så var han i regel snabb att kila upp till oss. Ibland tror jag att han letade saker att be om hjälp med som en förevändning att ringa eller titta förbi. Vi bodde bara på samma innergård i två år då farfar fick riktigt bråttom att flytta i samband med att det blev tal om hyreshöjning. Han flyttade inte längre bort än att han fortfarande bodde inom promenadavstånd.

Efter att Elin och jag kommit en bit in i våra studier började barn bli ett allt vanligare samtalsämne. Vi tyckte båda två att det började vara dags att fundera på när vi skulle börja försöka få barn. I och med det insåg vi att jag hade en hel del i min ryggsäck som jag aldrig riktigt bearbetat från min egen barndom. Förslaget att jag kanske borde gå och prata med någon kom första gången från Elin. Jag sköt det i från mig ett tag och tänkte att det var något jag kunde ta itu med senare.

Psykos

Under min tredje termin på universitetet började jag få sms från mamma. Hon brukade aldrig höra av sig så jag blev fundersam på varför hon började höra av sig just då. En del meddelanden var i stort sett "jag-tycker-om-dig meddelanden". De allra flesta var dock osammanhängande bibelcitat och utläggningar om den yttersta tiden. Vartefter månaderna gick blev meddelandena mer och mer kryptiska och svåra att förstå. Det visade sig att mamma hade slutat med sin medicin igen. Hon mådde sämre och sämre och började bo hemma hos mormor och morfar i längre och längre perioder. Hon bodde ömsom i Spannliden och ömsom hos morfars. De hade hållit det hela lite hemligt för att inte oroa mig, men så småningom berättade de att mamma var sämre och spenderade en hel del tid hos dem. Morfars har alltid varit bra på att trösta mamma då hon är orolig eller ledsen. Själv blev jag genast orolig. Då mamma blir misstänksam och svänger i känslorna så kan hon också bli arg. Frågan var om morfar och mormor skulle klara av om mamma fick ett utbrott av ilska hemma hos dem. Mamma blev sämre och sämre och fick för sig att hennes astma blivit värre. Hon hade väskan full med alla möjliga receptbelagda mediciner som hon själv inte riktigt hade någon ordning på och hon tog dem i allt större mängd ju mer orolig hon blev.

Då hon hemma i Spannliden gick till vårdcentralen för att få hjälp med hennes upplevda andningsbesvär fick hon en medicin som skulle hjälpa. Hon blev bara sämre och mer orolig för andningen. På natten fick Emma hämta henne i Spannliden och skjutsa henne till morfars. Efter några dagar i Glimtnäs gled hon in i en psykos. Hon hörde röster och kände inte igen familjemedlemmar. En morgon kände hon inte igen morfar och blev under dagen hotfull. Hon började tro att familjemedlemmar var besatta av djävulen och kom i handgemäng med Emma. Det bar sig inte bättre än att hon blev hämtad till psyket i Umeå av ambulans och polis. Förklaringen till mammas psykos har i efterhand varit att hon fått en blandning av mediciner som kan trigga igång en psykos.

Jag var inte med då mamma fick psykosen och har bara hört förloppet beskrivet av dem som var med.

Trots att jag själv inte var där rev det upp många smärtsamma minnen. Jag blev själv förvånad över att jag blev så påverkad av en incident jag själv inte bevittnade. Jag blev orolig för att mamma skulle bli utskriven för tidigt och att hon skulle komma till oss utan att vara vid sina sinnens fulla bruk. Allt gick bra. Mamma hämtade sig och blev utskriven i långt bättre skick än då hon blev intagen. Trots att saker och ting lugnade sig runt mamma rätt snart så hade ändå mycket rivits upp som jag inte fullt ut bearbetat.

Joel och Elin gav mig från var sitt håll den sista knuffen jag behövde för att söka upp en diakon på universitets skolkyrka. Där fick jag prata med en kvinna som varken kände mig eller min mamma. Hon hade tystnadsplikt och jag kunde berätta helt fritt om hur jag hade upplevt saker och ting i min barndom utan att det fanns någon risk för att det skulle spridas vidare. Jag pratade med diakonen regelbundet under en termin. Till en början sa jag inte så mycket. Men allt eftersom blev jag mer bekväm och vågade ta upp lite mer. Samtalen var riktigt nyttiga. Givetvis var det en hel del smärtsamma saker att ta i, men det var skönt att få ta upp saker till ytan. Att gå till en duktig själavårdare emellanåt är något som jag varmt rekommenderar.

Arvidsjaur

När jag hade läst större delen av kandidatprogrammet gick det upp för mig att jag inte hade haft någon praktik under utbildningen. Då anmälde jag mig till en kurs som skulle innehålla ett praktikblock. Jag behövde bara hitta ett ställe att ha praktiken på. Jag kontaktade pingstkyrkan i Umeå och fick varken ett ja eller ett nej. De visste inte riktigt om de hade plats och tid med att handleda en student. Eftersom kursen snart skulle börja och jag fortfarande inte hade ett svar började jag se mig om efter någon församlingstjänst på deltid. På så vis tänkte jag att jag skulle kunna fortsätta med studierna på samma gång som jag samlade erfarenhet. En tjänst skulle ju inte ge några högskolepoäng men det störde mig inte.

Efter lite spanande bland jobbannonser dök en möjlighet upp. Filadelfia i Arvidsjaur sökte en pastor på halvtid. Det skulle i så fall innebära att jag var i Umeå och jobbade med studierna varannan vecka och i Arvidsjaur varannan vecka. Församlingen i Arvidsjaur tog in mig på intervju första veckan i januari, vilket

107

också var samma vecka som jag sökte tjänsten och inom ytterligare en vecka började jag min anställning. Jag var lite orolig för att uppsatsen och kursen i vårdteologi skulle bli lidande. Till en början gick det ändå riktigt bra.

I februari ringde det i mobilen. Det var min faster. Hon ringde för att meddela att farfar hade brutit lårbenshalsen under en semester i Indien och att han på sjukhuset dragit på sig en svår infektion. Jag var i Arvidsjaur när jag tog emot samtalet. När jag kommit tillbaka till Umeå besökte jag farfar på infektionskliniken. Han var märkbart påverkad och kunde inte hålla riktigt hålla reda på vem jag var. Infektionen visade sig snart vara mycket värre än någon hade trott. Den hade ätit hål på tarmen och det opererades en stomi för att tarmen skulle få läka. Farfar svängde flera gånger mellan att se ut att inte klara sig och tecken på bättring. Under sjukdomstiden var han ofta mycket förvirrad. Ibland var han riktigt klar och hade koll på vilka som besökt honom under veckan och vad han hade för planer då han skulle komma hem från sjukhuset. Så svängde det fram och tillbaka.

En hel del av min tid gick åt till att oroa mig för hur det skulle gå med farfar. Samtidigt hade jag fortfarande min tjänst i Arvidsjaur att sköta och mina studier. Som tur var så gjorde farfars två döttrar och hans övriga barnbarn en enorm insats under den här tiden. För min del blev det inte något av studierna den våren, däremot gick arbetet i församlingen i Arvidsjaur bra. Jag trivdes med församlingen och församlingen trivdes med mig.

Då min provanställning skulle ta slut erbjöd de mig att fortsätta min anställning. Elin gick inte med på det förslaget. Hon hade en termin kvar av sina studier och ville inte flytta till ett ställe där hon skulle få svårt att bli klar med skolan. Det fanns inte heller några jämngamla medlemmar i församlingen. Det blev en stridsfråga mellan mig och Elin. Men då hon varken kunde eller ville följa till Arvidsjaur fick jag ge mig. Jag fick tacka för tiden i Arvidsjaur och börja söka arbeten i Umeå. Det var rätt tungt att lämna sin första församlingstjänst på det viset. Jag var helt klart rädd att det också kunde vara den sista. Om Elin inte kunde tänka sig flytta efter ett församlingsjobb den här gången, kanske hon inte skulle följa till någon annan heller. Församlingstjänster växer inte på träd och det hör till sakens natur att pastorer får flytta för att kunna få tjänster. Hur som helst fick jag snart ett jobb som vikarie i socialpsykiatrin i Umeå.

I brytpunkten mellan sommaren och hösten 2010 ringde det i min mobil igen. Det var min faster, det hade blivit komplikationer då farfars stomi opererats bort och de visste inte om han skulle klara sig. När jag och Elin kom till intensivvårdsavdelningen fick vi veta att farfars kropp inte längre orkade och att han skulle somna in under de närmsta timmarna. Vi och de andra närmast anhöriga stannade tills det var över. Farfar spenderade sina sista timmar med den närmsta familjen runt sig. Han hade lidit och kämpat en hel del den senaste tiden liksom mina fastrar och kusiner som kämpat för att hjälpa honom hålla modet uppe. De följande veckorna hjälpte jag till med att städa ur farfars lägenhet, var med och planerade begravningen samtidigt som jag jobbade en hel del.

Nytt hopp

Medan jag jobbade på socialpsykiatrin höll jag ett öga på församlingar som sökte pastor. En annons om tjänst i Skorpeds baptistförsamling låg ute. Jag hade tittat på den tidigare och den låg fortfarande uppe. Men jag antog att tjänsten nog redan var tillsatt och att jag förmodligen skulle ha liten möjlighet att få tjänsten. Jag tog mod till mig och skickade en ansökan. Efter några telefonsamtal blev jag kallad på en intervju. Därefter dröjde det ett tag innan jag fick komma och hålla en provpredikan. Vid första försöket blev det dock ingen predikan. Vi tog oss nämligen inte hela vägen till Skorped, som ligger fem mil sydväst om Örnsköldsvik. Jag och Elin tog oss bara till Örnsköldsvik. Då vi stod i en kö vid ett rödljus körde två lastbilar in i varandra och därefter in i kön av bilar bakifrån. Vi var personbilen närmast lastbilarna. Bilen blev skrot och vi tog oss inte längre än så. Några av Skorpedsborna som råkade vara i närheten fick reda på att vi var inblandade i krocken och mötte snabbt upp oss. Jag var fortfarande inne på att jag skulle hålla min predikan, men skorpedarna tyckte att vi borde åka till akuten istället och kolla upp oss. Så fick det bli. Församlingens ordförande gav oss och vår hund Bosse lift till akuten. Vi hade ont överallt men ingen av oss hade brutit något. Bilen var skrot och vi hade inget sätt att ta oss hem. Jag gjorde som jag brukar i ett krisläge och ringde Joel. Han och hans då höggravida fru, som kunde få barn vilken dag som helst, packade in sig i bilen och körde hela vägen från Umeå till Örnsköldsvik för att plocka upp oss. Några veckor senare fick jag och Elin komma tillbaka till Skorped. Den här gången i en liten vit Nissan som vi lånat av Emma. Elin tyckte stället var fint och att folk verkade trevliga. Jag tyckte att predikan gick rätt bra också. Nu var det bara att vänta. Församlingen tog god tid på sig att gå igenom alla som sökt. Jag fick vänta hela hösten innan jag fick veta att jag skulle få tjänsten. Jag och Elin satt i bilen på väg hem från Varuträsk då jag fick beskedet. Jag var överlycklig. Jag hade hittat en tjänst i en riktigt fin församling och Elin var beredd att följa med den här gången. Kunde livet bli bättre?

Det stora glädjebeskedet

Dagen kom då vi skulle börja köra vårt bohag till huset vi hyrt i Skorped, eller rättare sagt Lännäs två kilometer från baptistkyrkan i Skorpeds centrum. På morgonen hade jag hyrt en skåpbil på en Statoilmack i Umeå. Innan vi skulle börja lasta in saker från lägenheten svängde jag förbi hos Joel och hans fru för att plocka upp en bokhylla de gett oss. Medan jag och Joels fru bar bokhyllans delar till skåpbilen kallade min mobil på uppmärksamhet. Jag hade fått ett mms från Elin innehållande ett foto. På bilden var ett positivt graviditetstest. Innan jag han hejda mig utbrast jag "Men Elin!".

Nu var det bråttom hem. Elins föräldrar skulle nämligen komma vilken minut som helst för att hjälpa oss med flytten. Jag tog mig hem några minuter innan de kom. Jag och Elin var sprudlande glada. Frågan var bara hur vi skulle klara av att hålla det hela hemligt. Under dagen fick vi hjälp med flytten av Elins föräldrar, min morfar och Emma. Det var riktigt svårt att inte berätta de goda nyheterna. Vi lyckades hålla nyheten för oss själva fram till jul då vi berättade för släkten.

I Skorped fick ingen veta något förrän jag började tjänsten i mitten av januari. Församlingens medlemmar visade sig vara förvånansvärt entusiastiska och glada över att vi skulle få ett barn. Folk frågade konstant hur det var med "magen" och erbjudanden om att vakta den lille, då storken väl kommit med den, hörde inte heller till ovanligheterna.

För min del fick jag försöka dela min uppmärksamhet mellan att förbereda predikningar, sätta mig in i församlingens rutiner och samtidigt ställa in mig på att bli pappa. Begreppet pappa har ju för min del inte varit helt okomplicerat. En del av syftet med att skriva den här boken är att vädra ut en del av tråkigheterna från min egen barndom så att jag får stänga en gammal bok i mitt liv och öppna en ny i och med att jag blir pappa för första gången. För närvarande är livet rätt angenämt. Jag lever med en hustru som älskar mig precis lika mycket som jag älskar henne, jag har förmånen att få jobba i en församling och vilken dag som helst dimper det efterlängtade första barnet ner.

Man får nästan nypa sig i armen för att förstå att det är sant.

Här avslutar jag boken på samma sätt som den började, med att en unge kommer till världen.

Den nionde augusti 2011 föddes vår dotter. Hennes ankomst innebär att mitt och min frus liv aldrig mer kommer att vara vad det varit. Allt är helt plötsligt nytt på något sätt. Därför har det varit värdefullt för mig att få gå igenom en del minnen och upplevelser. Ta fram dem i ljuset och lägga dem till det förflutna. Vår dotter innebär att livet nu mer än någonsin handlar om här och nu mer än vad som tidigare varit. Den vackra lilla tösen kom några dagar tidigare än det beräknade förlossningsdatumet.

Jag och Elin visste att hon skulle komma vilken dag som helst, men vi blev ändå överraskade när Elin vaknade av att vattnet gått. Det visade sig senare vara mer "pyspunka" än vårflod. Vi lämnade hunden till ett par som lovat att vara hundvakt och åkte sedan in till BB i Sollefteå. Vi anlände där kring kl 11. Sedan blev det att vänta eftersom Elin inte hade några starkare värkar att tala om och det såg ut att stå stilla. Då vattnet hade börjat rinna så fick vi tack och lov stanna kvar på sjukhuset och blev inte hemskickade. Morgonen därpå vaknade Elin av att vattnet nu hade börjat forsa med övertygelse. Nu talar vi om vårflod mer än lite "punka". Från att Elin vaknade av vattnet tog det nu bara åtta timmar tills vi fick träffa vår dotter. Sista halvtimmen innan hon kom ut var det lite trögt men med hjälp av otroligt duktiga barnmorskor kom hon till slut fram. Hon var lite blå och lite slö. Men vartefter dagarna gick blev hon piggare och piggare. Vi fick stanna ett par dagar på BB och fick åka hem då det kändes som att vi hade koll på läget.

Både jag och Elin är enormt tacksamma för den enorma gåva vår dotter innebär. Jag är mycket tacksam att få kalla mig hennes pappa. Det är inte min rättighet utan ett privilegium. Jag blir ofta gråtmild av tacksamhet då jag ser på henne. Jag önskar henne allt gott i livet och jag ska göra mitt bästa för att hon ska växa upp i ett hem fyllt av kärlek och omtanke. Jag och Elin kommer givetvis att göra både ett och två misstag som föräldrar, men vi kommer alltid att älska och vara tacksam för vår dotter. Jag visste att det skulle väcka starka känslor att bli pappa. Att jag skulle vara rörd till tårar i tid och otid blev dock en överraskning. Jag lägger sista handen vid boken nu då vår älskade dotter kommit till världen. Det känns lämpligt att avsluta med något så positivt som starten på ett helt nytt liv.

Jag tillägnar den här lilla boken till min och Elins
ögonsten, vår dotter.

Jag älskar dig Marianne!

/Pappa